艰苦岁月

先辈丛书·回忆录卷

萧华 著

中共党史出版社

图书在版编目（CIP）数据

艰苦岁月 / 萧华著 . -- 北京：中共党史出版社，2025. 1. --（先辈丛书）. -- ISBN 978-7-5098-6600-9

Ⅰ. K825.2

中国国家版本馆 CIP 数据核字第 2024DL9209 号

书　　名： 艰苦岁月
作　　者： 萧华

出版发行： 中共党史出版社
责任编辑： 王媛
责任校对： 申宁
责任印制： 段文超
社　　址： 北京市海淀区芙蓉里南街 6 号院 1 号楼　邮编：100080
网　　址： www.dscbs.com
经　　销： 新华书店
印　　刷： 北京中科印刷有限公司
开　　本： 710mm × 1000mm　1/16
字　　数： 180 千字
印　　张： 12
版　　次： 2025 年 1 月第 1 版
印　　次： 2025 年 1 月第 1 次印刷
书　　号： ISBN 978-7-5098-6600-9
定　　价： 32.00 元

此书如有印装质量问题，请联系中共党史出版社读者服务部 电话：010-83072535

萧华（1916—1985）

目 录

溦江两岸的春雷 / 1

——回忆毛泽东同志在兴国

赤血丹心映日来 / 17

——忆周恩来同志对红军青年工作的关怀

难忘的四个月 / 27

——忆少奇同志在山东

浩气传千秋 / 39

——怀念朱总司令

以爱国主义的新高潮悼念任弼时同志 / 49

我的良师罗荣桓同志 / 51

英烈浩气万古存 / 64

——悼念罗瑞卿同志

悼吴高群同志 / 70

纪念李子芳同志 / 71

悼念符竹庭同志 / 74

中国青年的灿烂花朵 / 77

——回忆“少共国际师”

南渡乌江 / 98

通过大凉山 / 102

渡河东征 / 107

红旗漫卷西风 / 115
——忆红军 1936 年西征

广阳战斗散记 / 126

前线一日 / 130

大战午城（日记）/ 133

挺进冀鲁边 / 137

山东反“蚕食”斗争的胜利 / 144

英勇抗战的山东军民 / 149

横跨渤海　进军东北 / 168

附录一　长征组歌（1965 版）/ 180

附录二　萧华生平年表 / 186

后　记 / 189

潋江两岸的春雷

——回忆毛泽东同志在兴国[①]

从中央红色革命根据地的创建到现在，半个世纪的岁月已经流水般地过去了。无论是在戎马驰骋、战云飞渡的年代里，还是在社会主义革命和社会主义建设的汹涌激流之中，我都无时不怀恋我红色的故乡——江西省兴国县。在那里，我曾度过一生中难忘的岁月，血与火的记忆是永远也不可磨灭的。1962 年，我重返故园，看山山有情，看水水有意，当我听到根据地的老歌手们又唱起兴国山歌的时候，浑身的血液都燃烧起来了。

萧华故居。1916 年 1 月 21 日，萧华出生在江西兴国县潋江镇萧屋村的这座房子里，父亲、母亲、大叔、小叔都是中国共产党党员，并为中国革命献出了生命。

① 原载《人民日报》1981 年 6 月 11 日，此次修订再版略有改动。

哎呀哩——
斧头毋怕绉丝柴，红军毋怕反动派，
早先组织农协会，如今成立苏维埃，
自从来了毛委员，同志略
工农掌印笑开怀……

这歌声，顿时勾起我许多回忆，我仿佛又回到那个难忘的年代里了，毛泽东同志那熟悉而又亲切的身影又出现在我的面前……

一

1927年，轰轰烈烈的大革命失败之后，中国共产党从中吸取了血的教训，开始独立地领导中国人民走上了以武装的革命反对武装的反革命的道路。1927年八一南昌起义，向反动派打响了第一枪，从而揭开了第二次国内革命战争[①]的序幕。紧接着，党的八七会议，批判了陈独秀的右倾机会主义路线[②]。在湖南反动军阀许克祥发动马日事变之后三个月，湘赣边“霹雳一声暴动”，毛委员亲自领导发动了举世闻名的秋收起义，尔后率领起义军上了井冈山。次年4月，与朱德同志、陈毅同志率领的南昌起义的部队胜利会师。12月，平江起义的部队在彭德怀、黄公略、滕代远同志率领下也上了井冈山。从此，以井冈山为中心的湘赣边革命根据地成了中国革命的摇篮。国民党反动派把中国的第一块红色根据地视为心腹之患，必欲拔除而后快。湘赣军阀频繁进攻，多次“会剿”，并实行经济封锁，妄图把红军扼杀在摇篮里。为了打破敌人对井冈山地区的包围封锁，为了扩大红色根据地，将星星之火燃遍全国，1929年1月4日，毛泽东同志在宁冈县柏露村主持召开了有前委、特委、军委和地方党组织负责人参加的联席会议，即“柏露会议”。会上研究了粉碎湘赣敌军对井冈山的第三次“会剿”、巩固和扩大革命根据地等问题。毛泽东同志指出：应趁着蒋桂战争即将爆发的有利时机，除留一部分红军在井冈山坚持斗争之外，红军主力应杀下山去，在更广大的地区内

① 第二次国内革命战争指土地革命战争。
② 陈独秀的右倾机会主义路线，指以陈独秀为代表的右倾机会主义错误。

展开游击战争，扩大根据地，调动敌人，粉碎敌人，把武装斗争的烈火在广大的区域里燃烧起来。会议决定红四军主力向赣南闽西进军。

1月14日，毛泽东同志和朱德同志率领红四军主力开始东进。2月10日，进行了瑞金大柏地战斗，围歼了尾追红军之敌刘士毅部。3月14日，又全歼闽西土军阀郭凤鸣师三千余人，一举攻克汀州（长汀）县城。4月中旬，毛委员率领红四军来到兴国。

兴国，地处赣南之北部，交通偏僻，境内多山，"山高皇帝远"，是反动势力统治比较薄弱的地区。这儿山川秀丽，物产丰富，但是在地主、土豪、劣绅的压榨下，兴国的劳苦大众生活十分悲惨，挣扎在死亡线上。人民群众迫切地要求革命，正如大旱之望云霓，整个兴国到处都像布满了干柴。

早在大革命时期，兴国人民的革命斗争就已经兴起来了。北伐军进军江西以后，工会、农会、妇女会、学生会、青年干社等群众革命组织，在共产党地下县委和谢云龙、肖以儒、余石生等同志领导下，纷纷起来，举行大示威，支援北伐军。他们抗租税、查日货、捣毁了天主教堂，赶跑了美国神甫。

蒋介石发动四一二反革命政变以后，反革命势力卷土重来，"清党军"杀气腾腾地进驻兴国县城，封闭了工会、农会、妇女会、学生会等团体，通缉革命人士。但因为兴国党的活动当时一直处于秘密的地下状态，在广大群众掩护下，所以没有遭到什么损失。这时在北伐军和外地工作的共产党员陈奇涵、胡灿、肖以佐、谢云龙、鄢日新、黄家煌等同志，受党的派遣先后回到兴国。没过多久，革命的烈火便愈加猛烈地燃烧起来了。党开始着手组织农民武装——秘密赤卫队和少年先锋队，逐步走上了武装斗争的道路。当时，兴国山区有一支以段起凤为首的一二百人的队伍，号称"洪家三点会"，打的是"劫富济贫"的旗号。经过党的争取，这支武装终于改造成为兴国的第一支游击队。1928年4月，县委在"冰心洞"召开紧急会议，传达中央八七会议精神，会议决定举行武装暴动。12月20日深夜，由打进靖卫团当教官的共产党员胡灿同志做内应，调动了守城的敌人。我和青年干社的同志们一起秘密地把游击队的便衣带进城里隐蔽起来，又串街走巷，贴标语、发传单，用木炭块在一个个反动家伙的门口都划上了记号。深夜，游击队和暴动群众举着梭镖、鸟铳、大刀，拥进城里，很快就控制了整个县城。敌人吓傻了眼，全部乖乖地举枪投降。一大批贪官污吏、土豪劣绅尽悉擒到，一个个跪地求饶，捣蒜般地磕头。游击队当即公审处决了罪恶昭著的兴国警察局长，人民无不拍手称快。一时间，发官仓，开监狱，烧衙门，梭镖闪闪，暴动队伍歌声震天响：

我们大家来暴动！
消灭恶地主，
农村大革命，
打土豪、杀劣绅，
一个不留情
……

当时，因为盘踞在赣州的白军向兴国进行反扑，暴动队伍占领兴国城的三天之后，便主动撤出县城，转入农村去了。这次暴动没有来得及充分地发动群众，没有建立革命政权的经验，带有军事袭击的性质，以致暴动队伍撤出县城之后的一段时间里，兴国呈现无政府状态。不久，古龙岗的大土豪钟老槐便窃取政权，自称“县长”。尽管如此，这次暴动仍如同惊蛰的春雷，震撼了兴国的土地，吓破了反动派的胆，使他们“谈虎色变”，惶惶不可终日。

1929 年 2 月，为了迎接朱毛红军，兴国党又领导了第二次武装暴动，占领了兴国城。至此，赤化的兴国，已经具备了红色根据地的雏形，为红军东进赣南闽西准备了很好的条件。

4 月，正当满山遍野的杜鹃花盛开的时候，毛委员亲自率领的红四军第三纵队从于都出发，经过赣县的江口、于都的峡山，浩浩荡荡地来到兴国县城。兴国城顿时万众欢腾，劳苦群众欢欣跳跃，奔走相告，箪食壶浆以迎红军，比过年节还热闹。大家欢天喜地地抬着各种慰劳品拥到红军的驻地。红军宣传队被笑逐颜开的男女老少围起来，一遍遍地讲解《红军第四军司令部布告》的内容。毛委员刚在城里的潋江书院（即平川中学）内住下，老表们便争先恐后来看望。县委决定召开一个群众大会让毛委员和大家见见面。

清晨，城边的鸡心岭上红旗飞舞，五千多群众挤满了整个鸡心岭前的大草坪。当毛委员和红三纵队的干部们迈着大步走上临时搭起的主席台时，会场上的掌声和欢呼声响成了一片，许多老表流下了兴奋的泪水。

毛委员的讲话给大家留下了深刻的印象。他借助于有力的手势，讲得生动、形象，而又风趣。他的讲话围绕着“工农革命”这一主题。他声音洪亮地说：“兴国的父老兄弟姐妹们！我们大家天天讲革命。革命究竟要革谁的命呢？一句话：革反动派的命。反动派是些什么人？反动派就是以蒋介石为代表的帝国主义、大资产阶级、军阀恶棍和土豪劣绅，他们就是我们的大敌。革命靠谁来革？不靠天，不靠地，就靠我们自己，靠劳苦工农。怎么个革法呢？蒋介石手里有枪有刀，刀枪干什么用？是要杀人的，杀我们工农大众的！咱们赤手空拳行不行？不行，就说打狗吧，你手里也还得有条棍子，有块石头，手一举，狗才会夹起尾巴逃走。我们要打倒屠杀工农的军阀和他们的后台老板帝国主义，就要拿起刀枪，建立工农革命武装，实行土地革命，建立工农政权……”

毛委员通俗生动的讲话，拨亮了大家心中的灯。会开到一半时，天边忽然响起一阵轰轰的春雷，接着，豆粒大的雨点便瓢泼似地落了下来。当时，正值兴国遭春旱，几十天滴雨未下，秧苗眼看就要干死了，这一场雨，真是喜雨。毛委员挥动着手臂诙谐地说：“这场雨下得好哇！你们大家看，革命一来，年景都变，变得风调雨顺了……”这话顿时引得大家开怀大笑起来。情绪激昂的群众用不息的掌声热烈欢迎毛委员的讲话。会后，县委书记胡灿同志宣布废租废债的决定，当场焚烧了一堆堆田契债券。从此，革命的风暴迅猛地席卷了潋江两岸。

毛委员此次在兴国期间，热情地指导县委筹备成立了兴国县第一个红色政权——革命委员会，修改颁布了《兴国县革命委员会政纲》。在革命委员会成立的大会上，毛委员亲手将朱红大印交给“赤脚佬”——县革命委员会的第一任主席肖芳全同志。

就在潋江书院的文昌宫里，毛委员亲自起草了《兴国县土地法》这一土地革命的纲领性文件。这个土地法，把《井冈山土地法》里规定的“没收一切土地”，改为“没收一切公共土地及地主阶级的土地”。从而指出了土地革命的正确方向。后来，这个土地法推广到了整个中央革命根据地，为根据地的土地革命奠定了胜利的基础。

同时，为了从组织上培养一批土地革命的骨干力量，为了把土地革命的方针、政策、策略、方法交给兴国的干部，为了正确地贯彻兴国土地法，掀起土地革命的狂飙，毛委员亲自主持举办了土地革命干部训练班，共有四十

兴国潋江书院讲习班。1929年，萧华在这里参加潋江书院土地革命干部讲习班学习并第一次见到毛泽东。

多人参加。我那年才13岁，作为青年团的干部也参加了训练班。

训练班就开设在潋江书院的崇圣祠里。每个人发一块红布条印的出入证，自备文件袋、饭袋、灯笼和草鞋，住在崇圣祠的小楼上，大家都睡草铺。当时纸张很缺，我们从国民党县党部丢下的废纸堆里选了一些红、绿色纸和一些表格纸，翻过来印讲义。大部分教材都是毛委员亲自编写的。

毛委员给我们上了第一课，他宣布了训练班的宗旨、学习内容和方法，训练班的课程有中共六大的文件、土地革命、政权建设、党的建设，以及怎样做社会调查和群众工作等。毛委员和三纵队的领导同志讲解得生动、通俗、易懂，同志们学得很是认真，讨论会常常开得很热烈，直到每天熄灯躺在草铺上，还互相提问，继续着白天的讨论。

每天，晨曦初露的时候，毛委员就和我们一起到雨坛崗树林前的草坪上散步、早读、唱歌子。每次上课，毛委员的讲话都有一种无形的魅力，深深地吸住我们的心。譬如有一次，他讲到破除宗族观念的时候，指着大厅的一尺多高的门槛说："你们看，土豪劣绅就好比是祠堂里的那个石头门槛。要是没有这个门槛，我们不是更可以自由自在地出出进进吗？"还有一次，在传达中共六大决议时，毛委员用生动的譬喻，阐明了党的群众路线的十分重要性。他说："我们每个共产党员，随时随地都要念叨'争取群众'，这是共产党的护身法宝，是共产党立于不败之地的根本法宝，丢掉这个法宝，革命就要失败，共产党就一事无成……"时隔多年，毛委员的这一教导至今还深深地铭刻在我的心上。

训练班原计划要办半个月，后来因为情况变化，只办了十天，这十天是我终身难忘的十天。不久，毛委员即率领红四军经宁都向闽西进军了。

二

毛委员离开兴国以后，对兴国和赣南人民的革命斗争仍给予很大的关怀。他曾给兴国县委专门来信介绍闽西分田地的情况，对兴国的土地革命做了具体细致的指示。当时，赣州之敌张友仁部派出一个团进攻兴国城，妄图扼杀新生的革命政权。县革命委员会再次退出城区，转入乡村。为了实现毛委员亲自制定的《兴国县革命委员会政纲》，县委领导赤卫队、游击队展开了有声有色的游击战争，打击敌人的进攻。为了保卫红色政权，许多同志流尽了最后一滴血，其中有县革命委员会委员陈发祥、潘月英同志，管田游击队长陈奇仑同志等。9月，游击队、赤卫队终于打垮了驻兴国的白军和靖卫团，缴获敌人步、机枪等武器五百余件，终于收复了兴国城。经过一场暴风雨的考验，兴国的革命政权愈加巩固了。

1930年3月中旬，毛委员从吉安第二次来到兴国，仍旧住在潋江书院的文昌宫里。他一落脚就召集县委、县革命委员会负责人会议，仔细认真地听取了兴国土地革命情况的汇报，及时地指示：分田地"一要分，二要快"。当时，蒋冯阎之间已经拉开了战幕，全国革命力量趁此机会得以迅猛发展，已经拥有了湘赣边、鄂豫皖、闽赣、海陆丰、左右江、海南岛、湘鄂赣、陕北等八九块革命根据地，红军也发展到了十万多人，革命空前高涨，形势喜人。毛委员指出：机不可失，时不我待，应当加速根据地的建设，抓紧扩大红军，以粉碎敌人将要发动的大规模进攻。毛委员的指示，像一盏明灯，照亮了兴国人民的心。

当时，潋江书院是县革命委员会办公的地方，党和共青团县委也设在这里，我是团县委书记。一天上午，毛主席的警卫员小王忽然到团县委来找我说："你就是萧华吗？毛委员要找你去谈谈。"我跟他走出来，小王笑着说:“你年龄原来还没我大呢!”听说毛委员找我谈话,我心里还真的有点儿紧张。

我来到书院的拜亭(平川中学图书室),见毛委员正坐在一张长条靠椅上仔细地看一本《兴国县志》,见我进去,便笑容满面地站起来打招呼,拉着我在他的身边坐下来。主席显然比去年办训练班的时候瘦了许多,但精神却非常好。他亲切地说:“找你来,是要了解一下兴国共青团的工作。”开始,我多少有些拘束,他问什么,我回答什么。毛委员提出了许多问题:从全县有多少个共青团的支部,发展了多少团员,到共青团的各项工作如何开展等等,甚至对全县有多少儿童团员都一一问到了。我回答得很认真,他仔细地听着,鼓励我说下去。于是,我把共青团的工作情况从头到尾地讲给毛委员听。讲了武装暴动以来,兴国城两度得而复失,革命几经反复,环境十分艰苦,但共青团在党的领导下坚持了斗争,有力地打击了反动派。又从 1929 年 4 月红四军来兴国,团县委成立之后的工作,讲到在团县委的领导下短短十多个月以来,全县的 14 个区、60 多个乡都建立了团的区委和支部,团员由最初的几十个人发展到一千多人,而且各乡还以共青团员为骨干组织起了少年先锋队,每个村子都成立了儿童团,全县绝大部分青少年都在革命的旗帜下组织起来了。

毛委员听了,高兴得连连点头说好,指示今后共青团的工作重点还是发动青少年参加打土豪分田地的土地革命,抓好对青少年的宣传教育,动员青年随时准备参军参战,保卫红色政权。毛委员的话给我以很大的启迪,使我们对团县委的工作更加充满了信心。后来的事实证明,兴国光荣的共青团员们没有辜负毛委员的殷切期望。

当时,毛委员热情地邀我和他一起吃饭,除了从伙房打来的一盆南瓜菜外,他还派人到附近的“美香居”里买来饺子。他兴致很好,用筷子指着刚端上来的一盘饺子笑着说:“昨天,同志们请我吃你们兴国的那个‘四星望月’(一笼粉蒸肉周围配四盘小菜,毛委员风趣地称之为四星望月),今天我请你吃饺子。”至今,毛委员和蔼可亲的音容笑貌还清晰地留在我的记忆中。

毛委员此次在兴国期间,亲自指导召开了兴国县第一次工农兵代表大会,成立了兴国县苏维埃政府,正式颁布了《兴国苏维埃政府土地法》。同时,各级区乡红色政权相继成立,轰轰烈烈的土地革命进入了一个新的高潮。

1930 年 6 月,红四军、红三军、红十二军在长汀合编为红一军团,由毛委员任军团政委，朱德同志任军团总指挥。并率领红一军团从长汀经兴国向北进军。在兴国召开了县委、县政府负责人会议，检查了3月分田的情况。遵照毛主席的指示，兴国8月二次分田，坚决地执行了毛主席的“依靠贫农、团结中农，有步骤地、有分别地消灭封建剥削制度”的土地革命总路线和总政策。成立了贫农团，划分了阶级，实行了“抽多补少”“抽肥补瘦”“按人口平均分配土地”的办法，到处都是一片“分田分地真忙”的景象。广大农民群众的革命积极性空前地高涨起来，更加紧密地团结在党的周围，为保卫红色政权而奋不顾身地战斗。

三

毛泽东同志说过：“现在我们很多同志，还保存着一种粗枝大叶、不求甚解的作风，甚至全然不了解下情，却在那里担负指导工作，这是异常危险的现象。对于中国各个社会阶级的实际情况，没有真正具体的了解，真正好的领导是不会有的。”又说：“没有调查就没有发言权。”

在十年内战时期，毛泽东同志为了制定正确的革命的战略策略，进行了大量的调查研究的工作，为全党树立起紧密地联系群众、紧密地联系实际的榜样。他身体力行地倡导全党同志实行马列主义的革命学风和工作作风，同那些“下车伊始”“哇喇哇喇”的“钦差大臣”们进行了坚决的斗争。仅在兴国，毛泽东同志就写下了两个调查报告，一个是《兴国调查》、一个是《长冈乡调查》。

1930年，是江西等革命根据地猛烈发展的一年。但是党内“左”倾机会主义者被大好形势冲昏了头脑，以为中国革命全面胜利的时刻已经到来，热衷于攻打反动势力比较强大的长沙、南昌等大城市。毛委员为批判“左”倾机会主义路线，做了许多艰苦的、耐心细致的工作。9月，毛委员说服了三军团的同志，放弃了攻打长沙，而决定分兵攻打敌人力量薄弱的茶陵、攸县、醴陵、萍乡、吉安等中小城市，以巩固和发展革命根据地。为了配合红军作战，兴国县的上千名分得了田地的农民赤卫军纷纷扛着土枪、梭镖、猪儿炮、过山响等土造武器，浩浩荡荡地开到吉安。10月，毛委员率领红一方面军到达新余县罗坊，在那里主持召开了总前委和江西省行委联席会议，在会上进一步批判了有的同志继续主张攻打南昌、九江的军事冒险计划。为了总结土地革命的经验，检查土地革命的政策，正确指导土地革命的深入发展，毛委员找来了兴国红军预备队的八位同志，开了一个星期的调查会，写成了著名的《兴国调查》。毛委员在这个调查中，通过对八户家庭的调查，了解党的土地革命路线和政策与广大农村的实际情形。毛委员指出：旧中国农村中的基本矛盾是广大农民同封建地主阶级之间的阶级矛盾。中国的红色政权是在土地斗争中建立和巩固起来的，那种“左”倾机会主义者攻打大城市和所谓“取消土地革命”的观点是极为荒谬的、错误的，势必导致脱离广大农民群众的危险倾向，势必导致革命的失败。

到了 1933 年，三次反“围剿”以后，王明的“左”倾机会主义路线①占了统治地位，极其错误地排斥了毛泽东同志在党内和红军内的正确领导。在这种情况下，毛委员从理论和实践上同王明错误路线②进行了坚持不懈的斗争，领导中央根据地人民进行了巩固红色政权的建设工作，有力地支援了革命战争。为了总结根据地建设的经验，树立红色政权工作的先进典型，毛委员在 1933 年 11 月间亲自率领中央工农民主政府检查团，风尘仆仆地再一次来到了兴国，作了著名的长冈乡调查。

在长冈乡的列宁小学的教室里，毛委员召集了有党支部委员、乡干部、村代表主任、赤卫队长、妇女主任参加的座谈会。座谈会调查的内容很广泛，不仅包括政权建设、选举、“扩红”③、优抚、慰劳、支前、卫生、文教、妇女、儿童等方面的情况，而且还有红色政权下的各种组织状况和社会各阶层的状况。从政治到经济，从群众生活到风俗习惯，以至长冈乡的山林、河流、物产等等，都分门别类一一问到。座谈会一连开了几个晚上，毛委员耳听手记，不懂就问，给长冈乡的同志们留下了极为深刻的印象。此后，毛委员还一一走访群众，逐条核对事实，使调查材料准确无误。

白天，毛委员和调查团的同志们脚穿草鞋分头访问群众，帮助群众挖番薯、刨花生、种油菜。一天，毛委员在村子里看见了一幢新房，就问是谁家的。乡干部告诉他说，房子是贫农马荣海家的。年前，马荣海土地革命时分的房子不慎失火烧了一间半，新房子是乡政府和互济会发动群众捐钱、帮工、找料，用了三天时间盖起的。毛委员听了很高兴，连声称赞乡干部做得

---

①② 王明的“左”倾机会主义路线、王明错误路线，指以王明为代表的“左”倾教条主义。
③ “扩红”，指扩大红军。

对，政府应该十分关心群众生活，群众才会把革命政权当作自己的生命。

还有一次，毛委员到红军家属刘长秀家里访问，问她丈夫和儿子当红军走了以后，家里有什么困难？当毛委员得知那年夏荒缺粮，村代表主任背了米送到她家里，乡卫生员还上山采来草药医好了她女儿的病的时候，毛委员点头说好。

毛委员还访问了代耕队长犁田能手李玉英。并且在地头观看了她的犁田表演，连声称赞她们做得好，整个根据地的妇女都要向她们学习。

长冈乡的消费合作社，在国民党反动派实行经济封锁的困难景况下，帮助群众解决了缺盐、缺布的大事，深受群众欢迎和赞赏。毛委员便访问了合作社的同志们，热情勉励大家，他说："我们的消费合作社一发达起来，蒋介石的经济封锁政策就不灵啦！"

离开长冈乡之前，毛委员语重心长地叮咛乡干部们说：我们的中心任务是动员群众参加革命战争，打倒帝国主义和国民党反动派，把革命推向全国去。就要做许许多多实际的具体的工作，就得关心群众的痛痒，解决群众的生产和生活问题，盐的问题、米的问题、房子的问题、衣的问题、生小孩子的问题，解决群众的一切问题。这样做了，群众就拥护我们，把革命当作他们无上光荣的旗帜。

毛委员还一再地嘱咐乡干部：村子里有座小桥坏了，要修好，不然小孩子上学要跌倒的。时过几个月之后，毛委员还问到瑞金去的长冈乡干部：小桥修好了没有？

1934 年 1 月，第二次全国工农代表大会在瑞金沙洲坝召开。会上印发了《长冈乡调查》和《才溪乡调查》两个材料。1 月 27 日，毛委员在大会上作了报告，他高度地赞扬了长冈乡苏维埃政府是"真正模范的乡政府"。"模范的长冈乡工作人员，可尊敬的长冈乡工作人员！他们得到了广大群众的真心实意的爱戴，他们的战争动员的号召得到广大群众的拥护"。还说："兴国的同志们创造了第一等的工作，值得我们称赞他们为模范工作者……他们把群众生活和革命战争联系起来了，他们把革命的工作方法问题和革命的工作任务问题同时解决了，他们是认真地在那里进行工作，他们是仔细地在那里解决问题，他们在革命面前是真正负起了责任，他们是革命战争的良好的组织者和领导者。"并且发出号召："要造成几千个长冈乡，几十个兴国县。这些就是我们的巩固的阵地。我们占据了这些阵地，我们就能从这些阵地出发去

毛泽东听取萧华（左一）汇报志愿军归国代表解秀梅的模范事迹

粉碎敌人的‘围剿’，去打倒帝国主义和国民党在全国的统治。”

毛泽东同志在大量的调查研究的基础上，运用长冈乡的典型，大声疾呼地指出了根据地建设的方向和前途，对当时那些盲目照搬外国经验，照抄本本的教条主义者是个有力的批判。毛泽东同志这种认真调查研究，从实际出发，实事求是的工作作风和精神，值得我们永远学习和发扬。

四

“十年的红军史，就是一部反‘围剿’史。”在反“围剿”的战争中，红军正是依靠了根据地广大人民的支援，从这样“巩固的阵地出发”，去粉碎敌人的各次“围剿”的。兴国人民和广大革命根据地人民一样，作出了巨大的贡献。这里特别要提到的是第三次反“围剿”的伟大胜利。这次战争的战场就在兴国。

在第二次反“围剿”取得胜利之后仅一个月，国民党反动派趁我军连续作战没有得到休整，兵员亦未补充之际，于1931年7月又开始了第三次大“围剿”。这次“围剿”，由蒋介石亲自出马担任总司令，坐镇南昌，纠集三十万大军，分左中右三路向我进攻。进攻的主力是陈诚、罗卓英、赵观涛、卫立煌、蒋鼎文等嫡系部队。并有英日德等帝国主义的军事顾问，配属几十架飞机，采取“长驱直入，分进合击”的战略，妄图把红军压迫到赣江边一举扑灭。

当时，红军主力不过三万人，且正分散在闽西的建宁、长汀、沙县等广大地区进行发动群众、扩大根据地和本身休整工作。敌人来势凶猛，一下子几乎占领了整个中央革命根据地，形势非常严重。毛委员胸有成竹地提出了“避敌主力，打其虚弱”的作战方针。选择了兴国地区作为第三次反“围剿”的主要战场。面对敌军三路大军的步步进逼，毛委员从容地指挥红军主力从闽西的建宁等地出发，绕过深入根据地的敌军前锋，以急行军速度，千里回师兴国，经过十多天的艰苦行军，于7月下旬到达兴国地区，完成了战略集结，收拢五指，握成一只铁拳。

主力红军一到兴国，就像是到了家里一样。兴国人民男女老少全部出动，迎接自己的子弟兵。沿途村庄、圩镇，一路都设立了“慰劳站”“军粮店”“红军兵站”“红色饭店”等，大路边，众乡亲夹道相迎。香茶、米粥、水酒盛满了木桶。妇女老人们争相把米粿团、花生、鸡蛋一把把往亲人的怀里塞。各区乡苏维埃政府都组织了慰劳队、洗衣队、向导队、担架队、侦察队、山歌队。儿童团还组织了打扇队，围着圈子为长途跋涉的红军战士们打扇唱山歌。一捆捆草鞋、一篮篮鸡蛋、一头头肥猪，不断地送到红军驻地。农民赤卫军立即封锁了所有通向敌人的道路，手持梭镖的儿童团员们，监视地富，查路条。男女赤卫队员们磨刀擦枪，紧急动员配合红军主力作战，消灭白狗子。

7月31日，毛委员率领红军主力向富田开进，被敌发现我战略企图，敌军陈诚、罗卓英急忙增援富田。敌变我也变，我遂改为“由中间突破”。毛委员率领红军主力穿过敌主力之间40华里的空隙地带，跳到莲塘、良村、黄陂一线。8月7日拂晓，红军主力握紧的“拳头”，终于在莲塘猛烈地打了出去，全歼敌上官云相师两个团和一个特务营。红军声威大震。毛委员指挥红军乘胜追击，又在良村吃掉弱敌郝梦龄师两个团。“打着第一个好仗”，首战告捷。8日，毛委员颁布向龙岗之敌进攻令，途中发现敌军主力已麇集龙岗，且加修了工事，准备死守。毛委员于是决计声东击西。佯攻龙岗，虚晃一枪，挥戈向东，直取宁都黄陂之敌毛炳文师。以三天行程赶至黄陂，歼敌四个团，俘敌四千。至此，连战连捷，使白军闻风而丧胆。所有向西向南之敌军主力皆转旗向东，猛力逼近黄陂，欲找我决一死战。在敌采取密集大包围之势接近我军的情况下，毛委员即命令罗炳辉同志率红十二军部分兵力伪装主力红军，一路扬旗吹号，诱敌向东。红一方面军主力则转而向西，又一次穿过敌之间二十里间隙，到达兴国的枫边、城岗、白石、良村一带进行隐蔽集结。当敌人发觉红军主力仍在兴国，复又掉头西进时，红军已经休整半月，得到很好的休息和补充了。敌人被毛委员牵着牛鼻子转了几个大圈，"肥的拖瘦，瘦的拖死"，士气低落，沮丧不堪。

毛委员见反攻时机已经成熟，便率领红军主力展开战略反攻。同敌蒋鼎文部鏖战于高兴圩地区，歼敌四千。又在兴国的方石岭一带一举歼灭敌韩德勤一个师、蒋鼎文一个炮兵团，俘敌五千，不漏一兵一卒。至此，第三次反"围剿"胜利结束。据红军第一方面军总司令部于 1931 年 9 月 21 日在兴国城发出的《第三期战争胜利捷报》中所说，这次战争总计历时 80 天，红军打了四次大仗，每仗皆胜。共击溃白军 7 个师，消灭 17 个团，俘敌 15000 多人，毙伤敌 6000 多，缴步枪 13000 余支，各类机关枪 300 余挺，迫击炮 55 门，其他军用品无数。这次巨大的胜利所带来的果实，使中央革命根据地 21 个县城联成一片，达到 250 万人口的全盛时期。

第三次反"围剿"的胜利，是毛泽东同志的人民战争思想的伟大胜利。兴国人民在毛委员的领导下，空前地动员起来、组织起来、武装起来，从各方面有力而紧密地直接配合了红军作战，造成了陷敌于灭顶之灾的汪洋大海。除了拿起武器和红军并肩作战之外，还替红军侦察敌情、运送补给、救护伤员、打扫战场、封锁消息、捕捉敌探，用宣传战瓦解白军，争取白军士兵和下级军官投诚等等。假如没有这样好的人民，没有这样好的根据地条件，要取得第三次反"围剿"这样大的胜利是不可能的。

1932 年，兴国就有一万余名青壮年参加了红军。特别令人难忘的是在 1933 年光荣的"红五月"里，英雄的兴国人民响应党中央"扩大铁的红军"的号召，掀起了"扩红"的热潮。"父送子、妻送郎、兄弟相争上前方"，千千万万翻身农民表现出了他们高度的阶级觉悟和革命热忱。整个兴国的村落、圩镇，到处唱《十送郎当红军歌》，到处是踊跃报名参军的动人景象。短短的一个星期内，闻名的"兴国模范师"组成了，从师长到伙伕，5500 多人，在兴国筲箕窝广场上隆重举行阅兵大会。"活捉蒋介石！""保卫革命果实！”的口号喊得震天动地。家家户户披红挂绿，张灯结彩，劈劈叭叭地放起千响喜爆。30 万双拥军鞋堆成了山，各种各样的慰劳品从四面八方送来。红旗飘扬，气壮河山。江西省军区司令员陈毅同志以及中央军委扩红巡视员罗荣桓同志代表中央和工农红军，检阅了这支新军。6 月 3 日，“兴国模范师”从兴国誓师出发，浩浩荡荡地开赴前线，轰动了整个革命根据地。敬爱的周恩来副主席、朱总司令当即致电祝贺。《红色中华报》转载了中央局、中央革命军事委员会、江西省委、红军总政、各军及中央工农民主政府各部的嘉奖电、表扬信和贺词。在江西省党代会上，省委书记李富春同志对兴国的“扩红”作了总结报告，并授予“一切力量给予革命战争”的奖旗。

此后不到一个月，兴国人民又一次欢送自己的优秀子弟 1500 人参加“少共国际师”，兴国广大的共青团员和少先队员们在“紧急动员起来，保卫革命根据地”口号下，短短的几天之内，组成班、排、连、营、团的建制，手持梭镖长枪、高唱战歌浩浩荡荡地向宁都地区集中。9 月 3 日，“少共国际师”在宁都誓师，开赴前线，投入了第五次反“围剿”的战争。为了革命的胜利，兴国人民慷慨无私地贡献出了自己的全部力量。正如当年曾指挥红一军团浴血奋战在兴国土地上的聂荣臻同志在今年 4 月为兴国烈士纪念馆题词

兴国革命烈士陵园

兴国将军园将军广场。红色兴国为中国革命送出近9万名子弟，有54位成为开国将军。毛泽东称兴国县为“模范兴国”。

中所讲的：“在中国革命战争中，兴国的人民，贡献殊多，牺牲很大。对兴国的革命先烈更值得我们永志不忘。”

7月，兴国获得了模范县的光荣称号。中央军委给兴国颁发了奖旗——“为争取永久的模范县而奋斗！”。毛泽东同志亲笔写了“模范兴国”的大字，兴国人民把毛委员的手书制成大匾，悬挂于四方城门之上，决心永远保持光荣。

半个世纪过去了，伟大的祖国发生了天翻地覆的变化，但是，毛泽东同志当年的教导仍闪射着真理的光辉——“真正的铜墙铁壁是什么？是群众，是千百万真心实意地拥护革命的群众。这是真正的铜墙铁壁，什么力量也打不破的，完全打不破的。反革命打不破我们，我们却要打破反革命。在革命政府的周围团结起千百万群众来，发展我们的革命战争，我们就能够消灭一切反革命，我们就能夺取全中国。”

赤血丹心映日来

——忆周恩来同志对红军青年工作的关怀[①]

敬爱的周恩来总理离开我们已经四年了！全国人民在向“四化”进军的热浪中，对周总理的珍贵而深情的记忆不仅没有因时间的流逝而冲淡、磨灭，反而显得更加珍重，更加清晰。许多青年朋友，知道我四十多年前曾经在红军中搞过一段青年工作，总是热忱地希望我谈谈周总理和红军青年在一起的那些光辉日子。而我，每当追忆起那个时代，心情总是十分激动。感情的浪花，思想的激流，把我卷向了遥远的过去，使我仿佛又回到了中央苏区，看见我们的周恩来政委迈着矫捷的步伐，正微笑着向我们走来……

萧华与周恩来一起在十三陵水库劳动

① 原载《人民日报》1980年1月5日。

巩固和提高部队战斗力是红军青年工作的主要任务

1932年秋天，作为红军共青团组织的代表，我到瑞金去参加中央苏区共青团代表会议。会上，看到了一个蓄着胡子的军人，热情洋溢，举止潇洒，讲话非常富有感染力。我问身边的同志："这人是谁？"那位同志惊讶地说："你连他都不认识？他就是周恩来同志！"

"周恩来！"我怎么不知道！不是到过法国和德国勤工俭学，回国后领导过东征和北伐，又领导了南昌起义吗？他是我们党内少有的文武全才。这些，早就使我对周恩来同志产生了深深的敬慕之情。在来开会之前，我知道他从上海来到苏区，担任了中央局的领导工作、中央革命军事委员会副主席和中国少年先锋队中央总队部总党代表，但没有想到，这位久已闻名的首长，却在这个会上碰到了。

周副主席三十多岁，军装适体，精明刚毅。我正目不转瞬地端详着，共青团中央负责同志，把我拉到周副主席跟前介绍道："这是萧华同志。"周副主席紧紧拉着我的手，风趣而亲切地说："萧华，也是小华，年纪很轻嘛！"周副主席看出我有些拘束，问我多大啦，哪里人，什么时间参加革命。我都一一作了回答。他又说："好嘛，有机会我还要了解你们的工作情况。"开会了，周副主席拉我坐在他的身边鼓励道："年轻好嘛，青年工作就是要由你们年轻人做。"

此后，周恩来同志又担任了红军总政治委员，我作为总政治部青年工作部部长，在周政委身边工作，接触的机会更多了。

有次，我们召开全军青年工作会议，请周政委作形势报告，他爽快地答应了。那时，红军的供给十分困难，指战员的体质普遍下降，疥疮、疟疾等常见病、多发病，严重威胁着部队，又缺乏药物治疗，造成部队大量非战斗减员。怎么办？这是我们青年工作感到头疼的问题。周政委的报告就是针对这个问题讲的。主题是：巩固和提高部队战斗力是红军青年工作的主要任务。他分析了国际国内的形势后，又接着讲：由于国民党的封锁，缺衣、缺粮、缺油、缺盐、缺医药，造成根据地人民的生活困难，也对我们部队的战斗力造成了很大威胁。这个困难除了要靠打胜仗、打破敌人的封锁外，主要靠根据地人民增加生产来改善供给情况。特别要发挥政治工作的作用，我们红军指战员绝大多数是青年，做好了青年工作，部队的政治工作就做好了一大半。他号召我们要根据青年的特点去开展工作，丰富和活跃部队的文化生活，把部队搞得生龙活虎，朝气蓬勃。最后他说："现在我们正处在革命战争的烈火当中，我们要发扬红军战斗不怕困难、不怕牺牲的精神，为歼灭帝国主义和国民党反动派，为争取革命在全国的胜利，英勇奋斗！"

周政委的报告生动形象，深入浅出，不时博得热烈的笑声和掌声。会后，我们根据报告精神，在全军青年中开展了"四不、五要、三努力"的比赛活动，动员青年自觉地做到：不抽烟、不喝酒、不怕苦、不掉队；要团结友爱，要遵守纪律，要讲究卫生，要搞好军民关系，要积极参加文体活动；努力提高政治觉悟，努力提高军事本领，努力提高文化水平。尤其是文体活动，由于周政委的热情支持，成为红军中青年团政治活动的一项重要内容。

尽管是艰苦的岁月，但在红军生活中却经常出现诗情画意的动人情景：晚霞照耀着绿色的草坪，清风微拂着火红的旗帜，一队队威武矫健的红军战士，在激越嘹亮的军号声中，高唱着响彻云霄的战歌，进行着歌咏比赛、讲演比赛、刺杀比赛、田径比赛和球类比赛。夜幕降临之际，一丛丛火炬像飘动的红绸，布满在运动场上。周政委、朱总司令跟青年们一起唱歌，一起登台演出。在此起彼伏的掌声、笑声和叫好声中，分不清哪是演员，哪是观众，哪是首长，哪是战士……在辽阔的星空下，在熠熠的火光中，青年战士们欢乐地聚集在周政委、朱总司令的身边，深深地体味着革命大家庭的温暖，感受到当一名红军战士的无上光荣和幸福。

这类官兵欢聚一堂的青年晚会和运动会，在红军各部队中是经常举行的，没有因战争的残酷而中断，更没有因生活的艰苦而停顿。它生动地体现了周政委、朱总司令等中央领导对青年一代的关怀和爱护，充分地调动了青年们战胜困难、征服险阻的革命积极性。红军之所以始终保持旺盛的革命意志和饱满的战斗热情，除了有明确的为工农而战的崇高目的外，这种适合青年特点的政治活动，是鼓舞和保证红军战斗力的一个重要因素。

榜样就是巨大的政治工作

1933年初，由于毛主席的正确战略方针在中央红军中的深刻影响，第四次反"围剿"取得了重大胜利，消灭了蒋介石嫡系部队五十二师、五十九师，活捉了敌师长李明和陈时骥。为了庆祝胜利，进一步鼓舞部队的战斗情绪，总政治部召开了全军青年工作会议。

初夏的南方，百花飘香。一天上午，青年工作会议在宜黄县西南总部驻地的一座年久失修的祠堂里召开了。殿堂里积满了尘土，地上还放了一口寿木[①]。我们把会场打扫干净，贴了几条标语，搬开供桌当“讲台”。开会了，朱总司令、周政委、总政治部主任王稼祥以及刚到前方的秦邦宪等同志坐在“讲台”后面的长凳上，到会的几十名青年干部坐在“讲台”的前面。

周恩来政委讲了粉碎敌人四次“围剿”以后的形势，表彰了一些青年英雄模范，当他刚讲到要提高警惕，不要因为胜利而麻痹的时候，突然有六架敌机出现在我们驻地的上空。敌人探知这一带有我军的首脑机关，敌机飞得很低，一直在我们头顶盘旋，寻找轰炸目标。我们正想跑出祠堂，敌机已经俯冲下来。

我和在场的许多青年人一样，缺乏防空经验，第一次逢到这样的场面，看到黑魆魆的炸弹从敌机上接二连三地扔下来，祠堂周围硝烟弥漫，刹时间变成一片火海，我想到祠堂外百米远的山前有防空洞，于是就猫着身子往外跑，刚冲到门口，周政委盯着当空坠下的炸弹，猛一把把我拉进门槛内，大喊一声“卧倒！”随即将我按倒在他的身边，用身躯掩护着我，好几颗炸弹在门口几步远的地方爆炸，弹片掠身而过，掀起和震落的尘土铺头盖脸地落了下来，厚厚地盖了我们一身……

敌机“呜呜”地叫着飞走了，我们爬起身一看，近处的房子有的变成了一片瓦砾，正冒着一缕缕青烟，祠堂周围的空场上炸出了一个个大坑，墙壁上也留下了累累的弹痕。王稼祥主任的腰部却被弹片炸伤了。好悬啊！要不是富有军事经验和防空知识的周政委沉着果断地临机处置，后果是不堪设想的。周政委啊周政委，你为了掩护我而把自己的生死置之度外，在那最危急、最险恶的分秒时刻，我眼里噙着激动的泪花，滚烫的心在剧烈地跳动着，我是多么牵念您的安全啊！

只见周政委拍打着身上的尘土，用手帕揩了揩脸，凝视着准备继续开会的同志们，诙谐地说：“蒋介石知道我们在这里开会，派飞机给我们放炮庆祝。”一句话，说得大家都笑了。但我却笑不出来，只是望着他高大清瘦

---

① 寿木是有钱人家活着时替自己预做的棺材。

的身躯和那浓眉下炯炯的目光——这目光，闪烁着诚挚友爱、智慧威严和无限的亲切，也闪烁着对敌人的愤怒和蔑视。我陷入了久久的沉思：周政委视青年一代为党的宝贵财富，在危险关头宁肯牺牲自身而保护青年干部的崇高精神，深刻而有力地体现了他对青年人寄托着火一样的希望。后来，我曾以《周恩来政委和我们在一起》为题，写诗记之：

蒋机咽咽哭亡魂，
投地烽烟黑半空。
军中青年会正酣，
远略妙韬讲更浓。
临险泰然周政委，
扬眉一笑凌苍穹。
轻拂弹尘重开讲，
挥手潇洒满天红。

周政委这种爱护青年、舍己为人的精神是一贯的，每逢历史的重要关头，每逢环境险恶的危难时刻，他的这种品格就像夜明珠一样闪射出分外夺目的光彩。在漫漫的长征路上，他身患严重的肝脓疡，没有药，医护人员打算去部队要一点，被他阻止了。他说："部队比我们更需要药品。"过草地翻雪山的时候，他多次把马让给负伤的小战士，自己艰难步行。凡是看到他拄着棍子艰难步行的干部战士，感动之际，心里就升腾起一把火，无形中陡增了前进的勇气。在"文化大革命"中，林彪、江青这伙野心家、阴谋家疯狂地对周总理进行围攻和迫害，使他处于异常艰难困苦的地步。就在那样深重的政治磨难之中，他仍然砥柱中流，保护了一大批老一辈无产阶级革命家和年轻的新一代。我自己，也正是在他的保护下而幸存的一个。当林彪、江青反革命集团拿总政开刀，多次以莫须有的罪名揪斗我、迫害我的时候，敬爱的周总理不顾惜自己，一而再、再而三地挺身出面保护我，他面对一阵阵扑来的恶浊的黑浪，仗义执言，多次为我说话："萧华同志从小参军，我是亲眼看着他在红军队伍中成长起来的。没有对党、对毛主席的深厚感情，他怎么能从长征中一步一步地走过来呢，党怎么能信任他担任总政治部主任呢？这样的同志，怎么能说是反党、反毛主席的呢？！"……

周总理伟大高尚的品德，永远是青年们学习的榜样！

要永远高举战斗的红旗

在第二次国内革命战争时期[①]，中央苏区出现了一支由青少年组织的工农武装，活跃在战火纷飞的战场，这就是有名的“少共国际师”。周政委为这支部队灌注了不少心血。

蒋介石对我中央苏区的第四次“围剿”被粉碎之后，又气急败坏地纠集七十多万人马，准备进行第五次“围剿”。一时，战争的乌云又布满中央根据地的上空。“紧急动员，扩大红军，保卫革命根据地，捍卫胜利果实”的这一战斗口号，成为红军和根据地人民的行动中心，扩大红军运动在根据地轰轰烈烈地开展了，苏区青年团动员组织了七个少先队模范团涌上前方支前，并参加了红军；接着党又动员组织了著名的“工人师”“兴国模范师”“瑞金模范师”。为了进一步激发青少年参军参战的革命热情，发挥青年在革命战争中的突击作用，在周政委的提示下，总政治部青年部向团中央提出成立“少共国际师”的建议。团中央非常重视这个建议，于5月20日作出《关于创立“少共国际师”的决定》。周政委亲自抓这件事，参加会议并讲话，对“少共师”的未来，他想得非常细致，抓得井井有条。

当时，我正在前线。有一天，突然接到电话，说是周政委叫我迅速赶回总部。还有什么比在前线动员部队准备打仗更重要呢？我带着这个疑问赶回部队，连口水都没有顾上喝就找到周政委。周政委亲切地说：“经过军委研究，决定你去‘少共国际师’担任政治委员。怎么样？有什么意见？”听罢，我不知道该怎么回答好。不去，组织已经决定了；去吧，实在有些胆怯。当时我很年轻，虽然在红四军特务营和部队的团里当过一段政委，在青年部工作了一段时间，但还缺乏独立带兵打仗的经验，现在要领导一万多人的“少共国际师”，担子的确太重了。我把自己的顾虑向周政委汇报了，他听后爽朗地笑着说：“正因为你年轻，才叫你去嘛。年轻的干部带年轻的兵，这样部队更有朝气。只要认真地学习，经过斗争的磨炼，就会逐步走向成熟。”听着周政委既是鼓励，又是催促，更是希望的和蔼可亲的教导，我心

① 第二次国内革命战争时期，指土地革命战争时期。

头发热，浑身是劲，表示坚决同意。其他先后担任过“少共国际师”师长的陈光、曹里怀、吴高群、彭绍辉和担任政治部主任的冯文彬同志，也都是二十出头，我们共同挑起党交的这副重担。事后我才知道，我担任“少共国际师”政委就是周政委提名的。

1933 年的 9 月 3 日国际青年节的那天，“少共国际师”聚集在宁都县跑马场召开了誓师大会。会后，指战员高唱着《少共国际师歌》:“我们就是少共国际师，九月三日在江西誓师出征去……”开赴前线。

“少共国际师”开赴前线后，立即配合三军团、五军团，在东方战线投入抗击敌人五次“围剿”的战斗。在闽北的拿口，“少共国际师”打了第一仗。这一仗歼灭敌人三百多，缴获不少枪支弹药，接着又打了几个胜仗。朱总司令、周政委和政治部杨尚昆主任，特地打来电报表扬我们。电报中说:“你们初试铁拳，即获取连续的胜利。这更扩大了少共国际师的光荣，更表现了你们是为发展巩固苏维埃的坚决奋斗者。一切敌人，在我战无不胜的红军面前，只有崩溃消灭。因此，在祝贺你们的胜利中，更希望你们千百倍努力提高军事技术……把少共国际师的光荣旗帜插到抚州、南昌去！”以后，“少共国际师”又在将军殿、邱家隘、团村、大寨脑、驿前、广昌、石城等地，进行过几十次战斗，仗仗打得残酷壮烈，指战员表现得英勇顽强。但是，当时王明占据中央领导地位，推行“左”倾路线，致使五次反“围剿”终于失败了，迫使红军不得不作战略转移，离开自己用鲜血换来的根据地。经过频繁而残酷的战斗，特别是长征初期艰苦斗争的磨炼，我们这支年轻的部队，在革命烈火中锻炼得更加坚强了。

遵义会议之后不久，周副主席和一军团聂荣臻政委，告诉我遵义会议的情况，我听后，兴奋的心情是难以形容的。“遵义会议放光辉，全党全军齐欢庆。万众欢呼毛主席，工农踊跃当红军。英明领袖还掌舵，革命磅礴向前进。”这是我后来在《长征组歌》中的真实描述，但却未能表现当时全军指战员的兴奋心情于万一。遵义会议，确定了毛主席在全党全军的领导地位，周恩来同志仍被选为中革军委副主席，协助毛主席领导全军进行长征。这时周副主席告诉我:“由于第五次反‘围剿’的失利，红军伤亡很大，长征开始时我们将近十万人，因为国民党反动派的围追堵截，到遵义只剩下三万了。为了粉碎蒋介石的阴谋，为了红军的北上抗日，军委决定对全军进行整编，并决定‘少共国际师’和一军团主力合编。这是王明路线破产后我们红军队伍根据目前形势所进行的新的组合。希望你们做好政治思想工作，保证整编的顺利完成。”

从此，“少共国际师”结束了她的光荣的战斗历程。

用传统精神教育好革命后代

抗日战争和解放战争期间，我随部队转战在冀鲁平原，渤海之滨，辽河两岸，长城内外，一直没有见到毛主席和周副主席。直到1949年4月，中央领导同志胜利进京，在香山接见东北野战军和华北野战军团以上干部，这时我们才见到日夜想念的毛主席和周副主席、朱总司令。1950年我调总政治部工作，从那时起，像当年在中央根据地一样，又能经常见到周副主席了，能经常听到他的亲切教导，我感到十分欣慰和幸福。

这时，周总理要协助毛主席处理国内外大事，日理万机，比以前更忙了。就在这样忙碌的情况下，他还时时刻刻关心着革命的下一代。见面后，周总理和邓大姐经常问我的几个孩子，见到我爱人王新兰同志也问：“你们的雨、云、霜、露、霞学习怎样，调皮不调皮？要教育好孩子，这是我们的责任。”有时，总理听到某个高级干部的孩子搞特殊化，群众有意见，就严肃地提醒我们，不要放松对子女的管教，不能使他们特殊化，脱离群众。周总理不仅关心干部子女，更关心全国青少年的教育和成长。他常讲：要教育好革命下一代，要向他们讲传统，讲红军艰苦奋斗的生活，讲爬雪山、过草地，讲延安精神，要他们继承和发扬先辈的这种精神，特别是部队，不能把老传统丢掉，要教育好青年指战员。

1955年夏，周恩来与萧华夫妇及孩子们在颐和园。

1964年，我写了《长征组

歌》的歌词，用以纪念长征30周年，歌颂无产阶级革命路线，歌颂红军的革命英雄主义和艰苦奋斗精神，歌颂人民军队和人民群众的鱼水深情，对青少年进行革命传统教育。就是这个还不成熟的作品，却得到周总理的热情关怀和支持。当北京军区歌舞团排练这个节目时，周总理从创作、排练到演出，作了许多重要指示，并多次亲临排演场，一曲一曲地指挥排练。他要求文艺战士，唱红军首先要学红军，要以红军长征的革命精神排好《长征组歌》。组歌的十段歌曲，他都会唱。

1965年8月24日，周总理出席观看《长征组歌》后与演员马国光（左二）亲切握手。周恩来生前先后多次观看《长征组歌》并给予高度评价。

在周总理热情关怀和亲自指导下创作的《长征组歌》，受到了毛主席和朱委员长等老一辈无产阶级革命家的热情支持和鼓励。可是，这个节目却遭到林彪、江青反革命集团的极端仇视，自封“文艺革命旗手”的江青，妄图把我和这个作品一齐打倒。实际上，他们反革命的罪恶矛头主要是对着我们敬爱的周总理。1975年，在邓小平同志的关怀下，重新审查了《长征组歌》，并指示我作了一些修改。当《长征组歌》按邓小平同志的意见经过加工修改，为纪念长征40周年再次演出后，“四人帮”诬蔑《长征组歌》是

“毒草”，演出组歌是“复旧”“翻案”，“是为老帅们招魂”。他们采取卑鄙的特务手段，对观看《长征组歌》的老干部和部队文艺工作者进行登记，欲加陷害。

我们敬爱的周总理，对《长征组歌》的创作和排演，花费了那么多的心血，他在重病期间，想再听一听修改后的《长征组歌》。江青反革命集团却横加干涉，制造种种障碍，不让送录音给周总理。当我得知这一消息时，我的心悲愤欲裂。听到总理病势沉重，我几次打报告要到医院去看望周总理，也受到他们阻挠。我万万没有想到，1975 年国庆宴会上的一面，竟成为我同敬爱的周总理的永诀。我的心为周总理而哀伤，我的泪为周总理而横流……

“一身换得百花开，赤血丹心映日来。”如今，周总理生时呕心沥血绘制的“四化”宏图，已在神州大地上全面展开，举国上下呈现出万马齐奋进、举行新长征的大好局面。敬爱的周总理虽然离开我们四年了，但我却觉得他仍然像巍巍的高山一样屹立在祖国的大地上，率领我们进行社会主义革命和建设。

难忘的四个月

——忆少奇同志在山东[①]

在我的手头，珍存着一本布面已经磨损的《学习手册》，有 230 页，约 20 万字。扉页上是马克思的庄严肖像。这是我 1941 至 1942 年间学习、工作的笔记。在这个本子里，真实地记录着刘少奇同志 1942 年在山东根据地同山东党政军民领导同志的谈话，以及他所作的一系列政治报告的详尽内容，记载着少奇同志对革命的赤胆忠心和对马列主义理论的卓越建树。这本染着抗日战争炮火硝烟的手册，在十年动乱中，幸免于火焚，每当我捧起它的时候，就像捧起了一团火。我一页一页地翻着这本纸质粗糙、部分字迹也退了色的手册，一步一步地追溯历史的踪迹，仿佛又看到了少奇同志亲切的面容，回到了艰苦的抗战年代的火红岁月。

一

在伟大的抗日战争中，山东是我党在敌后的重要根据地之一，是华北连接华中根据地的枢纽。沂蒙山区又是我们坚持苏北、鲁西、鲁北平原游击战争的依托，它直接威胁着敌人南北交通的主要干线——津浦铁路及其近海交通，是插在日本侵略者脊梁上的一把钢刀。

为了实现侵吞中华民族的罪恶企图，日本帝国主义从 1937 年 10 月起就大举侵入山东。1939 年开始，它们加剧了对我山东根据地和抗日武装“扫荡”的次数和规模。在 1941 年和 1942 年，日寇千人以上的“扫荡”有 70 余次，其中万人以上有 9 次。由于王明右倾投降主义[②]的影响，当时山东分局有的

① 原载《红旗》杂志 1981 年第 15 期。此次修订再版略有改动。

② 王明右倾投降主义，指王明的右倾错误。

领导同志在一些重大的原则问题上认识不够清楚，对我党坚持独立自主，建立敌后根据地的方针贯彻不力，使我抗日根据地受到“蚕食”而缩小。敌人在我根据地周围建立据点2400多个。我鲁南基本区（即抱犊崮山区）被压缩在“南北十余里，东西一条线”的狭窄阵地上。其他地区也被分割成若干碎块。当时，山东根据地同其他根据地一样，处在抗日战争的最艰难的时期。

面对这种局面，主持一一五师工作的罗荣桓同志异常焦虑。他一面尽力扭转危局，一面将山东的现状电报中央，请中央派人到山东来指导工作，帮助山东分局解决党内存在的一系列问题。

党中央和毛泽东同志考虑到事关重大，任务艰巨，就委托刘少奇同志在从新四军回延安的途中代表中央到山东解决问题。1942年3月，少奇同志离开苏北，迎着凛冽的寒风，踏着冰冻的土地，越过敌人的重重封锁，进入了山东境内。4月初，少奇同志住进临沭县朱樊村（今东海县朱范村）的一一五师师部，立即展开了紧张的工作。

复杂的形势，残酷的战争，艰苦的环境，当时有一些同志产生了消极情绪，对前途感到渺茫。如何看待当时的形势，怎样在困难的条件下坚持斗

1942年4月，中央代表刘少奇与山东分局领导在朱樊镇。前排左起：黎玉、刘少奇、萧华、罗荣桓；后排左起：周长胜、陈光、梁兴初、杜明。

争，是摆在大家面前的一个严峻问题。远见卓识的少奇同志，对此非常注意。不论与同志们个别交谈，也不论作什么样的报告，他都注意用革命的辩证法来分析敌我形势，用革命的乐观主义精神来鼓舞同志们的斗志，使同志们树立对敌斗争的坚定信念和必胜的信心。

在我的《学习手册》上，记载着少奇同志多次用我党我军坚持斗争、由小变大、由弱变强的历史对同志们进行激励的情节。当时，少奇同志曾作过这样的回顾：过去，新四军在南方坚持了三年的游击战争，那时候，许多人就想象不了建立新中国会有多大的希望，也不敢设想依靠几百人、几千人能打出个天下来。但是，国际国内形势发生突变，爆发了卢沟桥事变，于是，那些拿着长长短短的武器，穿着破破烂烂的衣衫的游击队跑下山来，就造成了这一支浩浩荡荡的新四军。八路军的成长也是这样，二万五千里长征初到陕北，中央红军只剩下了六千多人。可是，由于我们党采取了马克思主义的路线和策略，正确地处理了“双十二”西安事变，促成了国共第二次合作，结果就巩固和扩大了陕甘宁边区，使红军进入了一个新的发展时期。少奇同志举这些例子，目的是告诉同志们，特别是领导同志，不要被目前的困难局面遮住自己的眼光，而无论如何也要坚持这最艰苦的两年。他明确地告诉同志们：日本帝国主义是一种腐朽的势力，它是极端反动的，它在我国社会基础非常狭小，非常薄弱，它的前途必然趋向死亡，这是事物发展的规律。但是，历史告诉我们，任何帝国主义都是不甘心自己灭亡的。因此，必须要壮大人民自己的力量，用人民的力量把帝国主义送进坟墓里去。山东和整个敌后根据地就是埋葬日本帝国主义的坟墓。我们的斗争，一定“不要中途夭折了，无饭吃，吃草也要吃两年。留得青山在，不怕无柴烧”。“哪怕我们只剩有几百人，几个村子，我们也绝不能轻视对这些阵地的坚持，这都是我们将来发展的基础。”“我们不悲观，不失望，不放下旗帜，不放下武器，不摇头丧气，哪怕什么逆转到来，哪怕什么困难到来，这都是破晓前的黑暗，不久就要天亮。”少奇同志谈到这儿，扬眉挥手，神采焕发，同志们凝望着他，仿佛凝望着一丛炽热的火炬，心情豁然开朗，陡增了在艰苦环境下坚持斗争的勇气和毅力。

树立了对敌斗争的坚强信念，同时还必须研究坚持斗争的战略战术，有效地对付尚处于优势的敌人。少奇同志指出：我们要以毛泽东同志的《论持久战》为强大的思想武器，不仅在根据地进行工作，而且要到敌人占领区去工作。他认为，在山东，在敌后，敌人的最大弱点是兵力不足，兵力分散，因而我们有空可乘，能够在敌后开展形式多样的游击战争。他要求同志们要在平凡中得出真理，振作起来，给日本侵略者以致命的打击。

少奇同志在分析山东的斗争形势时，曾尖锐地指出：在敌、顽、我三角力量的对比中，我们还处在相当劣势的地位，有些根据地（如湖西、鲁南）要扩大还相当的困难。造成这一困难的原因最重要的一条是有些领导同志在主观上缺乏马克思主义的战略眼光，在四年来的对顽固派的斗争中，思想上显得迟缓、麻木，失去了一连串可以充分利用，以取得对顽优势的历史先机，好多天赐之福我们没有去享受。他历数了丧失时机的事例后，露出无限惋惜的神情说："机不可失，时不再来。历史先机向来是很难得的。每当历史先机出现的时候，往往只有几个月或几周的时间，时间虽然短暂，它却会给我们以完成多年所不能完成的事业的机会。而我们在这不常能找到的机会面前却动作缓慢，一误再误，丧失了先机。"

少奇同志很严肃地重述了毛泽东同志的指示："现在的抗日民族统一战线政策，既不是一切联合否认斗争，又不是一切斗争否认联合，而是综合联合和斗争两方面的政策。"对反共顽固派，则必须贯彻"人不犯我，我不犯人，人若犯我，我必犯人"的方针。他告诉同志们：统一战线政策就是阶级政策，蒋介石也有他资产阶级的统战政策。如果我们把统战政策看成超阶级的，那就大错特错了。1927 年的大革命为什么会失败呢？就是因为陈独秀他们放弃了革命的领导权，不认识和不了解国民党和国民党政府是什么东西，对资产阶级的反动分子没有进行坚决的斗争，还不了解武装斗争是中国革命斗争的主要形式，结果导致了第一次国内革命战争[①]的失败。接着，少奇同志又拿皖南事变的教训提醒大家，指出："我们一定要强调党和军队在政治上的独立性，在统一战线中，一面是联合，一面是斗争，只有坚持斗争，才能巩固联合，光联合不斗争，就会失去党和阶级的立场"。

少奇同志在运用各种道理、各种例子对同志们进行了引导之后，进而明确地说：我们的统一战线方针，为的是战胜日本帝国主义，也就是壮大我们自己，削弱和打败敌人。我们联合一切抗日力量，目的就是为了战胜日本帝国主义，而问题的中心则在于如何不断壮大和加强自己的力量，削弱敌人的

---

① 第一次国内革命战争指大革命。

力量。我们总不能先把自己手中的革命的力量交给顽固派，去乞求和人家联合。所以，我们要坚决执行又联合又斗争的政策，要告诉顽固军，他们要是抗日，我们就愿意和他联合；他们搞反共反人民的勾当，我们就一定不能允许；如果他们为虎作伥，配合敌人“蚕食”、进攻我们根据地，梗塞我们各根据地之间的交通联络，我们将给予坚决地回击。在山东，我们对付顽固派的原则是：坚持阵地，坚持自卫立场，坚持有理、有利、有节与一打一拉、又打又拉的斗争方针。

少奇同志的指示像黑夜里的明灯，为山东军民照亮了前进的道路。我们根据少奇同志的指示和党中央“敌进我进”的方针，提出了“翻边战术”（即敌人打进我这里来，我打到敌人那里去），以强大的政治攻势和灵活机动的战略战术把斗争焦点引向了敌占区，坚决地进行了反剔抉、反“蚕食”、反封锁的斗争，大量瓦解敌伪军，广泛开展了“麻雀战”和地雷战，对敌进行扰乱、围困、伏击、偷袭。特别是那被誉为“怀中利剑，袖中匕首”的武工队和小部队，深入敌占区，到处大显身手，捕捉特务，杀敌夺枪，破坏仓库，破坏交通，搅得敌人风声鹤唳，心惊胆颤，使斗争进行得有声有色。

山东分局根据少奇同志的指示，检查和纠正了抗战初期在统一战线中存在的缺点，正确地执行了党的抗日民族统一战线的政策。尤其在罗荣桓同志主持分局工作以后，山东的整个对顽斗争形势迅速地发生了变化。一部分搞“曲线救国”、坚决反共的顽固派、投降派，在我自卫反击的铁拳下遭到了歼灭性的打击，如石友三等部；一部分在敌后的斗争形势极端严重的情况下，仓皇地逃走，撤离了山东，如沈鸿烈；另外，还有一些愿意抗日联共的地方势力派（即中间力量），则继续同我们合作抗日。我们的力量大大地发展了，被分割的各个小块根据地逐渐连成一片。在山东，我们同顽固派力量的对比，发生了根本变化，取得了明显优势。这就为抗日战争胜利后，粉碎蒋介石对山东的进攻，创造了有利的条件。

二

少奇同志是我党具有丰富经验的群众领袖之一。越是在困难的条件下，他越是重视群众运动的开展。在山东，他对于群众运动的真知灼见，对于在复杂的战争形势下的群众工作的详尽论述，以及亲自指导和参加群众工作的实践，曾使在山东工作的同志惊赞不已。那一堂堂生动的教育课，更使我终生难忘。可以说，我真正比较深刻地领会和掌握关于群众运动的方针、策略、方式、方法，是从这里开始的。

当时，少奇同志一进入山东境内，就千方百计地接近群众。他一见农民就问："你们村里有农救会吗？老乡是不是都参加了？农救会开不开会？减租减息减得怎样啦……"而且他还告诉随行的工作人员：应该找一切机会和老乡交谈，看看党的政策贯彻得怎样，群众的反映如何。还要进一步观察基本群众的要求，中农的态度以及其他各阶层的反映。总之，他随时随地都注意了解、收集情况，将这些情况作为制定政策、部署工作的参考。

在朱樊，他听了各方面的意见，并要求山东分局把党政军民的有关材料都送来，把分局的机关刊物《斗争》也找一份齐全的。少奇同志对所有重要材料都亲自过目，进行了系统的认真的研究。经过一个时期以后，少奇同志对问题的考虑渐渐成熟了，然后，他召集罗荣桓同志，山东分局的领导朱瑞、黎玉以及陈光和我等几个人开会，严肃地指出："山东分局没有把群众运动摆在适当的位置上，而是被放在第四位的。山东的群众和农救会还没有发生血肉相连的关系，农救会没有权威，群众腰杆子不硬，积极性受到了压抑。可以说，群众运动是山东根据地各种工作中最薄弱的一项工作。"

如何搞好群众运动呢？关键要从思想上端正各级领导干部对群众运动的认识。少奇同志针对实际，专门作了几次《群众运动问题》的报告。他在这个报告中特别强调了群众运动的重要性。他说，不发动群众，我们任何工作都是搞不好的，不单纯是政府管理工作流于空谈，就连地方武装也不能够发展，造成的后果必然是我军的主力得不到补充，财政经济、粮食生产会陷于枯竭。当时，少奇同志着重阐述了我们无产阶级政党与群众的关系，他指出：群众是共产党的母亲，党是群众的儿子，所以，我们的党无论在任何时间、任何地方都要与劳动群众结合起来，依靠自己的群众，依靠自己的阶级。少奇同志在这里列举了联共（布）党史结束语中的结论，其中最重要的经验教训之一就是党与群众的关系：我们党如果离开了自己的母亲——群众，就如同希腊神话中的英雄安泰脱离了土地一样，随时都可能导致被对手勒死的后果。他十分尖锐地指出："脱离群众是共产党员最危险、最严重、最应该受到责罚的事情。无论哪一个党员，也无论在什么时候，在什么地方，做什么工作，都应当十分注意做群众工作，如果忘记了这一条，他虽还有党籍，而实质已不是一个共产党员了。”他明确指出：“在当前，减租减息就是山东的中心工作，所有的工作都要围绕着这一中心来做。要全党来抓，党政军民各方面的干部都来抓。”他还对罗荣桓同志和我说：你们一一五师过去的群众工作一直做得不错，坚持了中央红军的传统作风，到哪里都宣传群众，建立革命政权，你们要发扬这个好传统，帮助山东人民把减租减息运动尽快开展起来。你们军队的主要任务目前就是保护夏收，保护减租减息的顺利进行，派一些干部下去，帮助农救会发动贫雇农，劝告地主，也调解地主与农民的关系。农救会是党与广大农民群众联系的桥梁，农救会成立时，你们应该派人参加，送匾庆贺，不尊重农民干部或对农民群众尊重不够，都应当禁止和受到批评。要先做好农救会的工作，尔后再去做自卫团的工作，农救会、自卫团工作做好了，妇救会、青年会、儿童团的工作也就跟着上来了。

为了迅速发动群众，少奇同志把他的秘书和身边的工作人员统统派下去，直接投入了减租减息的火热斗争。他还亲自到东盘、黑林子、夏庄等村庄了解运动的开展情况和各项政策的执行情况。少奇同志花费了很大心血，为山东的领导同志提出了明确的指导方针和一系列切实可行的有效措施。他指出：“群众运动一定要遵循劳动者‘自己解放自己’的原则。群众运动有它独特的发展规律。”在这里，少奇同志做了个生动的比喻：群众运动不是同木头一样，我们主观上想做桌椅板凳，就听任我们一块一块地凑合起来，这样是行不通的。所以，我们的各级领导必须尊重农救会的独立领导权，决不能站在群众团体外面或站在他们头上来发号施令。他说：群众团体本身的任务，是以保护群众利益为中心，要群众团体真正能代表农民出来说话（不去代表地主豪绅说话，但也要防止过“左”的、违背统战的做法），一切群众工作，都应由群众团体自己去领导，但这不是说群众团体不受党的领导，党要在政治上掌握对群众团体的领导，而不去干涉其内部生活，党是通过共产党员去接近群众的，党员是以群众面目出现的，以一个普通会员的资格出现的。要严防官办代替，否则，其后果只能使群众团体变质。

在推动群众运动的过程中，党员以什么面目出现在群众之中？如何施行“中心突破”的工作方法？怎样对地主阶级进行有理有利有节的斗争？对这些问题，少奇同志都作了详尽的论述。甚至连怎样同地主豪绅的收买政策作斗争，他都讲到了。他反复强调说：我们围绕群众运动所作的一切安排，都是为了达到这样的一个目的：首先是由经济斗争逐步吸引人民群众转到政治斗争，改善了群众生活之后，再逐步地提高他们的阶级觉悟和政治觉悟，使他们参加政权工作，参加武装斗争，参加抗战。

在少奇同志的具体指导下，山东根据地的减租减息工作如火如荼地开展起来了。人民从土豪劣绅如山的重负下得到了喘息，从切身利益中感到共产党、革命同他们的生存息息相关，极大地激发了广大群众的抗战热忱。根据地的每座村庄就变成了坚强的堡垒。战时，群众严密封锁消息，空室清野，使敌人喝不上水，煮不成饭；平时，妇女、儿童站岗放哨，盘查行人，使敌人寸步难行。平原地区的群众还挖掘了纵横如网的抗日沟，使敌人的快速部队无法行动。各地都建立了绵密的侦察网和通讯网，使我军在作战中发挥了高度的主动性和灵活性。广泛地动员群众参加和支援抗日战争，使我们渡过了难关，有力地巩固和发展了抗日民主根据地。

三

在这本《学习手册》上，还详细地记录着少奇同志针对党内斗争存在的问题所作的《党内斗争问题》的报告。

关于如何处理党内矛盾，少奇同志是有丰富经验的。当他的《论党内斗争》的文章在延安《解放日报》发表时，毛泽东同志曾加过这样的按语：“这是刘少奇同志于 1941 年 7 月 2 日在中共中央华中局党校的讲演，理论地又实际地解决了关于党内斗争这个重大问题，为每个同志所必读。”回忆少奇同志对山东党内分歧意见的处理，我们深切体会到，毛泽东同志的这个评价是完全正确的。少奇同志通过四个月的工作，用自己的光辉实践，有力地批判了王明遗留在党内的“残酷斗争”“无情打击”的“左”的错误倾向，为我们正确处理党内斗争问题树立了典范。

少奇同志来到山东之后，没有下车伊始，就召集什么会议作指示，下结论，而是一落脚，就分别找罗荣桓、朱瑞、黎玉、陈光同志和我，反复交换意见。当时，罗荣桓同志病得很厉害，因此，荣桓同志除就一系列的重大问题和山东分局领导之间的分歧意见向少奇同志汇报外，还让我向少奇同志汇报了一一五师四年来的工作。少奇同志听了我三个多小时的汇报，对一一五师的工作作了充分的肯定，并对我们进行了热情的鼓励。那时候，由于辗转奔波，少奇同志的体质很弱，但他为了从各方面了解情况，不顾惜自己的身体，白天谈不完的工作晚上谈，一次搞不透彻的问题就反复议，常常通宵达旦。在与同志们谈话中间，他注重实事求是，从不草率下结论，也从不轻易处理重大的原则问题。他这种扎扎实实深入实际，耐心细致地进行调查研究的工作作风，使得凡是与他接触过的同志，无不深受感染，深受教育。今天，每当我拿起《学习手册》，少奇同志在油灯下与我们推心置腹、开怀倾谈时的音容笑貌，就浮现在我的眼前。

1941 年夏在山东滨海区。右起：萧华、朱瑞、赵镈、黎玉、罗荣桓、陈士榘。

面对党内存在的思想问题，如何才能妥善地、完满地予以解决呢？

少奇同志在作《党内斗争问题》的报告时，明确指出党内生活中实际存在着的三种偏向：第一是自由主义和调和主义，第二是机械的、过火的斗争，第三是无原则的纠纷和斗争。这三种偏向，都与马克思主义的原则格格不入。而当时，我们在党内斗争问题上的主要偏向是什么呢？显然是以王明为代表的“左”倾错误所遗留下的机械的、过火的斗争。少奇同志说，每个共产党员，在其为共产主义奋斗的一生中，不可能不犯错误，但只要他不是反党，不是反革命，我们就要满腔热忱地去帮助他认识错误。同志之间的友谊、谅解和团结，比什么都重要，要有像俞伯牙和钟子期那样的知音，要有像马克思和恩格斯那样深厚的友谊。我们绝不能用对付敌人的办法整自己的同志。为了正确地指导山东党内的思想斗争，消除党内思想原则上的分歧，加强党内在马克思主义原则基础上的团结，少奇同志根据我们党长期以来所受“左”倾错误严重危害的经验教训，指出了“左”的偏向的多种表现……

讲到这里，少奇同志犀利的双目喷射出义愤的火光，清瘦的脸上凝聚着沉重的表情。他无限感慨地说：这些“残酷斗争，无情打击”的方法，使我们的党受的痛苦太多，代价太大了！假若我们能正确地进行斗争，我们费的代价要小得多，受的痛苦也要少得多，而成绩则会大得多。我们的一些同志错误地认为，在任何时候，任何情况下，任何问题上，不论对谁，都要采取无休止的斗争，而且斗争得愈凶愈好，愈激烈愈革命。于是这些人就成了“专门骂人家”，“斗争打架家”。他们想以此来表现其“布尔什维克化”，而实质是用布尔什维克的名词和形式在党内进行投机。同志们必须明确，党内斗争是一项原则的严肃的工作，绝不能乱用“斗争”这个词。

正因为少奇同志对王明“左”倾错误的危害有着深刻的认识，所以他在对干部进行思想教育的时候，在处理党内分歧意见的时候，就显得对革命同志非常尊重，注意保护每个人的合理的自尊心。包括犯错误的同志在内，都喜欢到少奇同志的住处去。当这些同志到来时，少奇同志总是笑容满面，亲切地招呼他们坐下，给他们倒上开水，随后就请他们谈谈自己单位的工作、生活及个人思想上的情况。即使谈话的同志看法不完全正确，甚至完全错误，少奇同志也从不会显得不耐烦，总是平心静气地听下去，让人家把话讲完，然后亲切地启发诱导，摆事实，讲道理，使人心服口服。他的话是那样简单明了，同山东的实际情况联系得那样紧密，那样有的放矢，又是那样使人感到极大的感召力和说服力。他使工作有成绩的同志从理论上进一步提高，方向更加明确；使有模糊认识的同志心悦诚服，既找到产生错误的思想根源，又从内心焕发出改正错误的力量。而少奇同志却总是谦逊地以商量的口气说：“你看是不是这样啊？你的意见怎样呢？”同志们都感到，少奇同志气魄大，原则性强，而又平易近人，显示出一个马克思主义者的卓越的领导艺术。事情已经过去 39 年了，至今回忆起来，我们还感到分外亲切。他的那些闪烁着马克思主义光辉的教导，今天仍是我们加强党的建设，正确开展党内斗争的指针。

四

少奇同志作为一位目光深远的马克思主义者，在那戎马倥偬的艰难环境里，也特别注重用马克思主义的革命理论系统地教育党员和干部。他在全面掌握山东情况的基础上，经过周密的思考，进行充分的准备，从 4 月 26 日开始，分期分批地、有针对性地向山东的广大干部作了八个报告：《关于山东工作》《群众运动问题》《中国革命的战略与策略》《改造政权问题》《党内斗争问题》《党内两条战线的斗争》《思想方法问题》《关于财政粮食问题》。在作这些报告的时候，少奇同志列举了山东抗战四年来的大量事例，用通俗易懂的道理，生动感人地阐述了马克思列宁主义的思想原则，对山东的领导干部进行了一场系统的马克思主义理论教育，实际上是办了一次很好的党校。我们在山东工作的同志，能得到这么一次全面学习革命理论的机会，实在是很幸运的。

在报告中，他严肃地提醒同志们，要想保持共产党员的纯洁性，就一定要系统地掌握马克思主义。马克思主义是人类社会发展规律的科学，是无产阶级和广大劳动人民革命的科学。只有学习它、运用它、掌握它，才能够了解周围事变的内部联系，了解各阶级、各阶层在目前和将来如何行进和向哪里行进，才能够具备辨别方向、确定行动方针的能力，对革命的前途充满信心。在革命的进程中，强大的敌人要反对我们，剥削阶级的影响会腐蚀我们，我们既有胜利的时期，又会不可避免地遇到各种各样的困难和失败。假如不用马克思主义武装自己的头脑，就势必会在变幻的斗争风云里迷失方向，被胜利冲昏头脑，或者在挫折和失败面前发生动摇。历史是严峻的，无情的，只有那些用马克思主义科学理论武装起来的共产党人，才是真正的特殊材料铸成的人，才经得起革命烈火的考验。少奇同志的报告，深入浅出，启人深思，同志们越听心越亮，越听越有劲。

少奇同志的马列主义理论修养是很高的，但他从不满足，仍在孜孜不倦地读书。为了作好报告，把每一个理论问题都阐发得清晰透彻，通俗易懂，而又引人入胜，在他的案头，总是放着马克思、列宁、毛泽东同志的著作，有的圈圈点点，有的写着密密麻麻的眉批。为了准备报告提纲，我们多次看到，东方已经破晓，他屋里的小油灯还在亮着。同志们知道他胃病很重，望着这不熄的灯光，大伙心痛而焦急。我劝他晚上早点休息，不要看书太久，要注意身体。他说，学如逆水行舟，不进则退。革命形势发展很快，不读书，不学习，就掌握不了形势，更谈不上推动客观事物的发展。他又语重心长地对我说：你还年轻，一定要多读马克思、列宁的书，多学习毛泽东同志的《论持久战》《中国革命战争的战略问题》《抗日游击战争的战略问题》《中国革命和中国共产党》等著作。你们在敌后是很忙的，条件也是很艰苦的，越是这样，越要挤时间学习革命理论，不加紧学习，不掌握科学的斗争武器，用什么来指导工作呢？

少奇同志那和蔼可亲的教诲，像座右铭一样，一直激励我在斗争中学习、成长，在实践中探索、前进。

真理的力量是无穷的。由于少奇同志在山东工作了四个月，以深刻的洞察力，以高度的马列主义原则果断地处理了山东问题，用马克思主义的革命理论和中央的指导思想以及方针政策武装了山东的党员、军队和人民，使得抗战时期的山东形势迅速发生了转折。

1942 年年底，罗荣桓同志担任了中共中央山东分局书记。山东分局在罗荣桓同志的正确领导下，广大军民巧妙地运用了毛泽东同志的人民战争思想和机动灵活的战略战术，发展壮大了抗日民族统一战线，根据地得到了巩固和蓬勃发展，使我们原来在山东的劣势地位从各方面都变成了优势。最后，我们终于取得了山东抗战的全面胜利。在这里，刘少奇同志用自己的心血写下了光辉的一页。

在几十年的革命斗争中，我同少奇同志曾有过不少的接触，特别是全国解放以后，我同他的接触就更多了。但 1942 年在山东的四个月的相处，却使我终生难忘。我深切地感觉到，少奇同志对党和人民是无限忠诚的，他把毕生的精力献给了我国无产阶级革命和建设事业，他不愧是我们党和国家卓越的领导人之一，不愧是一个伟大的马克思列宁主义者，伟大的无产阶级革命家。在为建设我们这个马克思列宁主义的党，为捍卫党在思想上和理论上的纯洁性，确立党的生活的准则，从理论到实践，少奇同志都有自己独到的建树，作出了不可磨灭的贡献。少奇同志的这些论述，也是毛泽东思想的重要组成部分。

刘少奇离开山东回延安时，萧华把自己心爱的勃朗宁手枪赠送给首长。图为萧华送给刘少奇藏于军事博物馆的勃朗宁手枪。

我捧着这本历尽沧桑的《学习手册》，觉得十分沉重，又觉得无比感奋！这记录着少奇同志 39 年前的殷殷教诲的字里行间，处处闪烁着少奇同志那和蔼可亲的笑影，处处凝聚着深重真挚的情意……愿这一页页真实的历史记录，化作一束束火花，成为推动我们建设现代化的社会主义强国的动力。

浩气传千秋

——怀念朱总司令[①]

当新中国在东方巍然站起的时候，中国人民忘不了革命战争的艰苦岁月，忘不了毛主席及其他兴邦创业的老一辈无产阶级革命家。毛主席说过：朱毛是连在一起的，没有朱就没有毛。朱德总司令和毛主席风雨同舟，并肩作战，为创建和发展战无不胜的人民军队，为推翻帝国主义、封建主义和官僚资本主义的反动统治，立下了不朽的功勋。作为我党杰出的无产阶级革命家和军事家，朱总司令的英名，像一颗灿烂的明星，将永远在中国革命的史册上闪光！

1950 年 3 月 8 日，萧华参加首都各界妇女代表庆祝第一批女空地勤人员三八起飞典礼。右起：李伯钊、邓颖超、朱德、史良、萧华。

① 原载《光明日报》1981 年 6 月 10 日。

一

1928年4月底，朱德同志率领的部队与毛泽东同志率领的工农革命军在砻市胜利会师，这是中国历史上最重要的事件之一。“红军会萃井冈山，主力形成在此间”，从此以后，井冈山根据地进入了全盛时期。

我从1928年参加革命以来，多次听到参与领导南昌起义的朱德同志的英雄业绩，一次又一次地激动着我年轻的心，可惜，总没有机会见到朱德同志。1930年6月，红军根据中央命令进行北上战役，来到了兴国。7月中旬，在兴国县平川中学大操场召开北上誓师大会。各路军马纷纷聚集，红旗招展，梭镖闪光，昂扬的战歌声，洪亮的口号声此起彼落，一派临战出征的雄壮气氛笼罩着大操场。忽然，热烈的掌声铺天盖地，如江潮一样汹涌而起——朱德总司令和毛泽东政治委员等领导同志登上了讲话台！

毛泽东同志，我早已见过两次了，而朱德总司令，则是头一次见到。在我的意象中，这位领导过南昌起义和湘南起义的伟大人物，该是一尊英气勃然、高大威武的形象呀，可站在眼前的朱总司令，却完全不是那么回事：个头不高，腿上打着齐整的绑带，脚穿一双粗茅草编织的草鞋，连一双袜子也没有。然而，脸上的表情是轻松而慈祥的，宽宽的额头下，有一双深邃明净的大眼，稳重地环视着集结在草坪上的队伍。当他站起身的时候，就习惯地将两腿分开，双臂交叉在背后——那时候，他已经40多岁了，大约是因为经历了许多惊天动地的斗争的缘故吧，所以那副瘦削的身体就显得像钢铁一样坚强。在那个年月里，我所见到的国民党的军官，哪怕一个小小的排长都是趾高气扬，耀武扬威呀，老百姓看见了，就远远地躲到一边去了，简直就像见到瘟神一样。而我们工农红军的总司令，竟是这样的平易可亲，沉稳厚重，这是多么不同的两种军队呀！

在我后来担任红军总政治部青年工作部部长的时候，与朱总司令的接触就频繁起来了，并亲聆他的教导。那时候，为了提高和巩固部队的战斗力，红军青年工作的任务是十分繁重的。为了教育和团结广大青年群众，我们红军的连队中还成立了以朱总司令名字命名的“朱德青年队”。在那艰苦的岁月里，参加红军的战士大多是十五六岁或二十岁左右的工农青年，所以，无论是毛泽东同志，周恩来同志还是朱德同志，上上下下都对青年工作关怀备至。

每当青年团或“朱德青年队”开会的时候，朱总司令向来是有请必到。总司令讲话操一口四川音，从容自然，通俗易懂，有些重要地方，他就反复地讲解。他说：“我们红军，是闹革命的队伍，是为穷人打天下的队伍，我们不能光看到敌人的强大，不要怕眼前的困难，我们要用战斗夺它几十个州县，将来的天下都是我们的！青年人要有这个志气，要在这支队伍中当中坚、打先锋，要给受苦受难的穷人争气。希望你们勇敢坚强，作吃苦耐劳的模范，英勇杀敌的模范……”总司令的话，浅显朴素而鼓舞人心，充满着革命乐观主义精神，使青年战士们听了很受教育，很受鼓舞，越听越想听。

周恩来政委和朱总司令为了将青年工作开展得生动活泼，不仅帮助我们青年部制订了具体的方针措施，而且在青年部的各项具体活动中又是热情的组织者和积极的参加者。1933 年 7 月，我在《青年实话》周刊上写过一篇《火线上的青年晚会》的文章，就真实地记录着朱总司令在青年晚会上视察军事体育比赛、歌咏比赛和游艺比赛的生动情景。朱总司令总是以普通战士的身份出现在革命队伍之中，是丝毫没有官架子的。我记得总部机关有一次开晚会，大家轮流抽签，或者唱歌，或者说笑话，或者猜谜语，轮到朱总司令抽签时，恰巧抽出了一根写着“说笑话”的签子，总司令的笑话讲得趣味横生，乐得大家前仰后合，有的人竟笑得捧住肚子、迸出了泪花花……当时红军的官兵，就是这样同甘共苦、亲密无间地生活在一起。每逢我在工作中碰到了难题去找总司令的时候，总司令就耐心地开导我，讲井冈山的艰难困苦，讲我们这支军队充满了光明的前景与希望。总司令自己的生活很俭朴，饿了的时候，就把锅巴、炒米用白开水泡一泡来充饥，他有时候边嚼边讲：“革命战争就是个大熔炉，只有经得起千锤百炼的人，才是个有希望的青年。”接触得多了，每一个人都从心眼里感到，朱总司令是诲人不倦的良师，也是爱兵如子的慈母。他就是用这种实心实意、诚诚恳恳的思想工作，关怀着青年一代的成长。

二

1935 年 1 月，中央红军神兵天降，突然出现在赤水河边。四渡赤水的战役，对长征中的红军来说，是个非常重要的关口。赤水河蜿蜒七百里，是川、黔两省边界的重要水道，是我们向北挺进的一大障碍。

渡河的那天，天空浓云密布，阴沉沉地下着小雨，条条小路像涂了一层油，光滑难行。赤水河大约二百米宽，深水里飞涌着暗灰色的浪涛。正当红军组织渡河的时候，突然传来四川军阀刘湘派遣他的主力“模范师”向赤水压来的消息。那时候，红军正依据毛主席和朱总司令的部署，挥军北上。湖南军阀何键，贵州军阀王家烈，云南军阀龙云，蒋介石的“中央军”周浑元、吴奇伟纵队，几十万人马正从各个方向对我们进行合围，妄图在赤水和长江之间将我军一口吃掉，整个形势是相当危急的。为了掩护红军主力从赤水镇渡过赤水河，红一军团派出一个团迎击敌人，阻止“模范师”的进攻。

这个团奉命后轻装疾进，以闪电般的动作，在距赤水河三十里左右的地方，拦住了气势汹汹的“模范师”。那时候，我奉军团首长的指示，到这个团进行战时政治工作。

双方相距只有几百米，透过茫茫雨幕，各自能隐约看到对方晃动的身影。敌人都是本地兵，地形熟悉，又以逸待劳，情况对我们是很不利的。就在敌人居高临下，沿着丘陵地带向我们进攻的时候，朱总司令突然赶到阵地上来了！细雨淋湿了他的衣裳，裤腿沾带着黄泥，就连那浓重的眉毛上也挂着水珠儿……总司令到来的喜讯迅速传遍了阵地，红军战士精神大振，勇气倍增。朱总司令不顾危险，沉着冷静地同我们一起，亲临前线进行指挥。敌人的进攻一次又一次被挫败下去。我担心总司令的安全，几次劝他退到后边去，都被他坚决地回绝了。战斗接近黄昏，两个营相继后撤，只留一个营继续坚守着阵地，子弹像蝗虫一样在四处横飞，我们再一次提出要求：“总司令，你年岁大，路又很滑，还是先走一步吧，这里有我们顶着，你放心好了。”总司令抹了抹满脸的雨水，声音不高，却很坚决：“不行！”就这样，总司令和最后一营人一直坚持到黄昏时分。有总司令在身边，同志们仿佛就有了坚定的主心骨，忘记了疲劳、寒冷和伤痛。这一营人，就像一道不可逾越的铜墙铁壁，顶住了“模范师”一次次的冲击。

直到夜幕降临，我们才和总司令一块，赶到了赤水河边，在那竹绳竹排扎就的浮桥上，迅速地赶了过去，保证了主力部队的安全渡河。

自从那次炮火硝烟中仓促一会，总司令就与我们分别展开了艰苦的长征，一年多的岁月里，我就再也没有见过朱总司令了。人不见，心相连。朱总司令坚决与张国焘的分裂阴谋进行斗争的情景，我是知道的。张国焘自恃军力雄厚，向党要挟，诬蔑毛泽东同志、周恩来同志率红军北上抗日的正确方针是机会主义路线，进行反对党中央、分裂红军的阴谋活动，朱总司令与张国焘展开了坚决的斗争，他说："你可以把我劈成两半，但你割不断我和毛泽东同志的关系，朱是不能离毛的。""中央关于北上抗日的决议，我是举手通过了的，我决不能反对它！"这场斗争，表现了朱总司令威武不屈、坚定不移的革命气概。总司令那么大年纪了，为了团结红四方面军共同北上抗日，三过草地，在那么险恶的政治环境和那么恶劣的自然条件下坚持工作，我们这些已经北上了的干部战士，怎能不为我们的朱总司令担忧呢？！怎能不为兄弟的红四方面军的同志们担忧呢？！

1936年10月初，我奉命率领红二师主力到会宁东百余里的界石铺，向西安、平凉方向警戒，掩护二、四方面军通过西兰公路。有一天，通讯员告诉我，会宁来的长途电话找我。当我拿起听筒时，里面突然传出朱总司令那熟悉热情的四川口音！赤水别后，梦牵魂绕，想不到在这儿猝然相逢了！我双手把住听筒，心头一热，喜泪盈眶！周围的同志听说是朱总的电话，也呼啦一下围拢上来，悄然聚集在电话机前，这些老同志，与我们的总司令同甘共苦，一个锅里搅过青菜南瓜汤，相互间有着深挚的感情啊！

在电话里，朱总的声音也很激动，他简直恨不得将什么都一口气问个明白：

"毛主席好吗？周副主席好吗？彭总、剑英、荣臻、小平、左权……他们都好么？……陕北根据地有多大呀？刘志丹、徐海东你见过没有？他们有多少部队？陕北的粮食怎么样？你们的部队扩大了多少？……"

这次通话，长达半个小时，朱总司令对老同志、老战友无微不至的深切关怀，对陕北老根据地军民的深厚的阶级感情，像长江黄河的滚滚浪涛一样，激动着我的胸怀，在我的记忆中成为永不磨灭的一页。我抑制不住自己火热的感情，后来写下了这样的诗句："军旗红似火，银线传佳音。欣闻朱总话，热泪顿沾襟。去春别赤水，今秋逢会宁。声声山岳重，句句铭记心……"

三

在伟大的抗日战争时期，朱总司令以军事家独有的大无畏的革命气魄，始终同毛主席一起，指挥着对日作战。

1938 年夏天，在吕梁山兑九峪镇子上，朱总司令视察了我们部队和群众自卫队的表演。表演场上，刺刀闪着寒光，梭镖红缨似火，雄壮的歌声与整齐有力的脚步声交汇在一起，刺杀比赛开始了，喊杀声震动天地，三八枪如龙翻卷……颇有点“长矛大刀闪银光，抗日烈火遍山乡”的景象。朱总司令望着这生龙活虎的队伍，面露喜色，他仿佛看到了抗战胜利的伟大曙光。

在雷鸣般的掌声中，朱总司令给战士们和参加会议的老百姓讲了话，他兴奋地指出：“我们八路军北上抗日，去年 9 月的平型关战斗，打败了日本鬼子的主力部队坂垣师团，以后，又在阳明堡勇敢地袭击了敌人的飞机场，大大打击了日本鬼子的嚣张气焰，壮大了八路军的声威。我们八路军、敌后的抗日军民和整个的中华民族已经建成了新的抗日长城，日本鬼子在这样伟大的长城面前，是注定要碰得头破血流的！”总司令的每一句话，都给我们以很大的信心和力量。

1938 年的秋天，我奉命率先遣部队东进，准备到敌后（津浦线一带）建立抗日根据地，路过晋东南太行山的时候，我特地到朱总司令那儿去，听取他对我们开展敌后工作的指示。

那时候，抗日烽火燃烧在太行山上，总司令的工作是紧张而繁忙的。他和彭老总每天都守在作战科，拿上放大镜，察看地图，有条不紊地批阅从黄河两岸各个战场飞来的电报。听说我们来了，朱总和彭总非常热情地接见我们，招呼我们吃饭，而且立即就敌后工作作了一系列详细的指示，大意是：

“要发展抗日武装，壮大抗日力量。派你们到敌后去，你们是火种，目的是要在广大的敌后发动群众，建立政权，扩大统一战线，组织和发展抗日武装力量，点燃抗日的熊熊烈火；

“你们远离总部，是敌后的敌后，为了创建根据地，你们的一切供应都要依靠人民支援，都要依靠你们自己解决，实行独立自主的方针；

“平原游击战争是一个新的问题，要很好地组织游击队和自卫队，创造作战的经验。准备长期坚持和发展敌后游击战争。”

朱、彭总司令高瞻远瞩，全局在胸，心里装着整个敌后波澜壮阔的抗日战场。听罢他们的明确指示，我觉得胸襟开阔多了，眼睛也更亮了，于是我们就满怀信心地挺进到了敌后。

当时我担任八路军东进抗日挺进纵队司令员兼政委，以后又奉命担任鲁西军区司令员兼政委，担子是很重的，斗争也是极其复杂而尖锐的。在我们正需要力量的时候，1939年的秋季，朱总和彭总又托人给我和杨勇副司令员带来了指示信。这封信很长，约有六千余字。在信里除充分肯定“开创了今天鲁西北的根据地，军队的本身也是在这个艰苦的斗争中更加发展、更加坚强起来了”的工作成绩之外，还特别强调：“应该知道，没有军队就没有根据地，但如果没有根据地，军队也就不能生存，二万五千里长征中没有根据地的痛苦经验应该深刻记住。”“目前鲁西北军队工作的方向，一般的不是发展，而是巩固，因此，巩固军队第一等的重要问题，便是加强军队中党的建设与提高军队中的党性问题。”为了达到上述目的，“应当在干部中提出创造大批模范指挥员的运动。要求每一个干部都为着模范指挥员的方向而进行极大的努力。大批模范指挥员的养成，这是铁的党军的一个重要条件。”而要做到这一点，就必须提倡学习，“勤学者奖，懒学者罚”。朱总司令经历了中国革命的曲折坎坷，艰难险阻，在巍巍的太行山，在抗日的第一线，他加强了对辩证唯物主义与历史唯物主义的探讨和研究，在给我和杨勇同志的这封信里，就处处闪耀着马列主义真理的光辉。从1937年到1940年，朱总司令率领八路军深入华北敌后，坚持“独立自主的山地游击战”，同日伪作战一万多次，歼敌十万余人，建立了晋察冀、晋冀鲁豫、晋绥、山东等抗日根据地，为打败日本帝国主义作出了巨大的贡献。“华北收复赖群雄，猛士如云唱大风。自信挥戈能退日，河山依旧战旗红。”朱总司令在四十年前留下的这首气势磅礴的《赠友人》的诗篇，显示了他稳操胜券的革命军事家的英雄气概。在抗日战争期间，我从亲身的接触中，对此有着更加深切的体会。

四

“独裁政体沉云黑，解放旌旗满地红”。新中国建立之后，朱总司令进驻北京，这期间，我们接触的机会就更多了。

十年动乱中，是非混淆，人妖颠倒，德高望重的朱总司令，更成为林彪、“四人帮”那伙篡党篡军的阴谋家的眼中钉，他们公然诬蔑总司令是“黑司令”，对总司令忠于革命、忠于军队的历史业绩肆意歪曲，诬蔑……敬爱的朱总司令和许多老一辈无产阶级革命家一样横遭诬陷。当我得知有的“造反派”在墙上画了漫画，丑化他的形象的时候，真是万箭穿心，义愤填膺！

我也被林彪、江青反革命集团关了七年半之久，在我被毛主席指名放出来后，我怀着迫不及待的心情去看望朱总他老人家。

数年不见，他明显地苍老了，皱纹也多了，脸上的寿斑也更明显了。然而，他戴着老花镜，仍是那么慈祥，那么和善，那么可亲，他热情地抓住我的手，一句连一句地询问我的身体，我的家庭，我的生活，我满肚子的话在嗓眼里哽着，一句也说不上来。只有悲愤，只有热泪。坐下来后，他老人家仿佛慈父摸准了儿女的心思似的，给我留下了许多肺腑之言。

他说："萧华呀，你还年轻么，在部队，还可以工作几十年的。要振作精神呀，共产党员，受点委屈不算事儿。瑞金、井冈山、二万五千里长征，那么多困难，那么多的挫折，我们都踏着熬过来了，现在这点磨难，能让我们丧失信心吗？！我们不能灰心呀，萧华同志！"

当我以愤慨的心情诉说林彪一伙肆意篡改历史的卑劣行径时，朱总司令显得严肃了，他沉默了片刻，摘了老花镜，语调深沉而缓慢："在井冈山的时候，他林彪才是一个营长哟，怎么能说井冈山会师是他林彪和毛主席会师呢！历史就是历史，他们胡闹不行的。长征时，李作鹏是个小机要员，邱会作呢？是个担担子的挑伕……后来官做大了，与我不来往了，见了我连理都不理了！他们的架子大得很了，连我都不认识了！……"

朱总司令说到这儿，不屑地摇了摇头，明确地表示了对这伙丑类的蔑视。

接着，他语重心长地勉励我：

"我们要相信党，相信毛主席！这几年，不过是历史的一个插曲。革命总是要经历曲折反复的，总是要向前发展的。这些年，你被关着，外面有许多情况你都不了解了，所以要抓紧学习呀，多看些书，特别要多看些有关哲学方面的书籍。"

朱总司令历来注重学习，这我是深知的。五十年来，他经历了许多的风风雨雨，在革命最紧张、最艰苦的岁月里，他从来也没有放松过自己的学习。在太行山，他曾拿一只小板凳，和大家一块坐在梨园中，听讲辩证唯物主义和历史唯物主义的课程。这次我出来以后，就听说这些动乱的年代里，他仍然坚持学习，而且让儿媳妇当学习组长，他亲自进行组织辅导，让全家老小一段一段地学习马列主义的哲学著作。想到这儿，我望着他老人家放在书上的放大镜，红铅笔，充满了钦佩之情。

总司令见我凝望着桌上的书，想了一想，忽然关切地问我："萧华，你的家里现在还有书籍吗？"

我说："我的家给那些人抄了三次，一掠而空，什么都抄完了，抄走了。"

听了这话，总司令站起来了，他走到一边，打开书橱，执意要送书给我。我怀着无比激动的心情，从书橱里选取了一本马恩列斯和毛泽东同志的哲学著作选集。总司令语重心长地说："凡是违背唯物辩证法的东西，别看它眼前兴时得很，但从长远的观点看，最后在历史上总是站不住脚的。要好好地学，它是我们识别真假马列的武器。"几年过去了，每当我捧起这本书，朱总司令的教诲就回响在我的耳边。

1976 年，朱总司令病危之际，我的心情非常沉重。在他老人家辞世的前一天下午，我同萧劲光同志一起到北京医院去看望他，老人家躺在病榻上，已经不能讲话了。他只能微微地睁开眼睛，深情地、吃力地注视着我们。周总理不幸逝世，"四人帮"加紧夺权，毛主席也重病在身，而朱老总……国有危难，万感交集，我们的热泪禁不住夺眶而出！

浩气壮山河，遗爱永留芳！敬爱的朱总司令，早在 1946 年，毛泽东同

1963 年，在青岛军舰上。左起：罗瑞卿、萧劲光、朱德、萧华。

志就为你作了“人民的光荣”的光辉题词，望着这金光闪闪的题词，勾起了我的万千思绪：南昌起义的枪声，井冈山的扁担，茫茫的雪山草地，巍峨庄严的太行山……伟大祖国的山山水水，无不标志着你创军开国的丰功伟绩。林彪、“四人帮”妄想将你从中国革命的史册上抹掉，到头来被历史潮流湮灭的只能是他们自己。

在几十年的革命风雨中，我是在你老人家的循循诱导下逐步成长起来的一名战士，我要铭记着你的教诲，永远前进，永远革命！

以爱国主义的新高潮悼念任弼时同志①

中国共产党中央政治局委员、中央书记处书记、中国新民主主义青年团的名誉主席任弼时同志，不幸病逝了。中国人民革命事业和人民建设事业丧失了一位主要的领导者。回想他在引导人民事业向前发展时所赋予的伟大精神和力量，对于他的逝世，感到有不能抑止的悲痛。

任弼时同志是伟大的人民战士和人民政治家，在中国人民革命事业多次的决定关头，他都曾以明确的政治原则坚决与机会主义作斗争，在毛泽东旗帜下，和同志们一起，引导人民革命事业继续前进，走向胜利。

任弼时同志又是中国青年最杰出的领导者之一。他自16岁加入中国社会主义青年团，自20岁起参加中国共产主义青年团中央的领导工作，至1927年当选为青年团中央书记。他一向关怀中国青年运动，并引导我们青年本着正确的方向向前发展，努力使我们在人民革命事业和人民建设事业中发挥巨大的作用。今天我们青年悼念自己的导师，更应该以他为自己学习的榜样，永远继承他的精神和指示，积极贡献我们的力量于新的斗争任务之中。

任弼时

任弼时同志，对于人民军队的胜利发展，也曾付出了无限可贵的精神和力量。他在土地革命战争中，在同敌人作残酷斗争的时期，到军队中担负政治领导的责任；在抗日战争中，并曾担任八路军的总

① 原载《中国青年报》1950年10月30日。此次修订再版略有改动。

政治部主任，到前线领导作战。他一直是人民军队政治工作的一位卓越的领导者。

今天凶恶卑鄙的敌人美帝国主义正在扩张武装侵略，疯狂入侵朝鲜，战火燃烧到鸭绿江边，严重威胁着我国的主权和安全，我们为人民祖国的巩固发展，还须继续作坚决英勇的斗争。人民的伟大战士和我们党卓越的领导者任弼时同志的逝世是太早了！为补偿这个损失，英勇的人民解放军的同志们，全体青年团的同志们，应该掀起爱国主义的新高潮，应该怀着对人民祖国事业的无限忠诚，对敌人的无限仇恨，坚决反对美国帝国主义及其走狗对中国领土、主权和人民生命财产的蓄意侵犯，随时打击侵略者，以巩固我们的国防，保卫我们伟大的社会主义祖国。

任弼时同志的事业和精神永垂不朽！

我的良师罗荣桓同志[①]

"身经百战摧强敌，留得丰功万古存。"在长期的革命斗争中，罗荣桓同志为我党我军建立了不朽的功勋。毛主席和朱德委员长以深切的悼念之情，将他比作革命风云中的鹏鸟、雄鹰，形象地概括了他的伟大生平。转眼间，罗荣桓同志已经离开我们十八个春秋了。光阴的尘雾，掩不住金子的光辉。每当我忆起与罗荣桓同志在一起战斗的峥嵘岁月，我却愈来愈强烈地感觉到：他那忠贞赤忱、光明磊落的品质，极像一面火红的旗帜，指引我冲越了战争的烽火硝烟，指引我在革命的征程中不断前进和成长。

1940 年，一一五师政治部主任萧华与该师政委罗荣桓在山东。

① 原载《星火燎原（季刊）》1982 年第 2 期。

一

1930 年，是江西革命根据地猛烈发展的一年。6 月，红四军、红三军、红十二军在长汀合编为红军第一军团，在北上途中，总前委委派我担任红四军军委青年委员。顶着 7 月酷暑，我到达了红四军军部所在地——距南昌百公里的刚刚占领的樟树镇。在这里，见到了红四军政治委员罗荣桓同志。他身材魁梧，脸庞略胖，戴一副深度近视眼镜，镜片后一双眸子闪着炽热的光亮，给我的第一个印象是严谨诚挚，和蔼可亲。

那时我才 14 岁，在政治工作队伍中是年龄最轻的。而组织却将在红四军里组建共青团的艰巨任务交给了我。当罗政委找我谈话时，我对他说："我刚到部队，对情况不熟悉，还不晓得怎样开展工作……" 他微笑着点点头，首先鼓励我说："萧华同志，前一段你在兴国县担任共青团县委书记，工作得不错嘛！" 接着他又针对我刚到部队的具体情况说，"这次毛委员调你到红四军，这可与地方团的工作有区别呀。地方上主要是打土豪，分田地，组织少先队、儿童团，进行参战'扩红'工作，而部队团的工作却要着重于对青年士兵进行共产主义教育，鼓舞战斗意志，服从战争需要，为党在部队的政治工作发挥助手作用。在目前这残酷紧张的战争环境里，在我们红军的创业时期，这是为我军政治思想工作打基础当中很重要的一环，可不简单呀！" 他又非常具体地嘱咐我，首先把各师、团的青年委员配齐，然后以一部分青年党员为骨干，组织好连队团的支部、小组，建立和健全团的生活。他又嘱咐我要适合青年特点，通过多样化的方法开展文化活动。要生龙活虎，不能死死板板。要动员团员密切联系群众，在战斗中起模范作用和先锋作用……在罗荣桓政委的亲切鼓励和大力支持下，我们在行军作战的繁忙日子里，仅仅用了个把月的时间，就把红四军的共青团组织普遍建立起来，各级党委也都配备了青年委员。

罗荣桓同志不仅手把手地教我们如何工作，还手把手地教给我们军事常识，教我们打草鞋、在夜行军中判别方向。有一次夜行军，我第一次碰到尸体，不免有点打怵，罗荣桓同志便鼓励我往前走，不要害怕。我在樟树镇第一次听到枪响，他又告诉我们怎样从子弹的声音判断敌人的方位、远近。他对我说，等你听到子弹的声音，它早已飞过去了。打文家市，缴获了戴斗垣一匹黄骡子。我们又想骑又害怕。罗荣桓同志便吩咐马夫牵稳，鼓励我们大胆上……

罗荣桓同志是个有心人，因为他自己在毛泽东同志亲自领导的工农革命军第一军第一师里任过连、营党代表，从实践中深深体会到政治干部熟悉基层、了解战士的极端重要性，所以也就有意给我以下基层锻炼的机会。在打下吉安以后，因为有更多的青年加入了红军，红四军组建了四个连建制的特务营，罗政委特地要我兼任第三连政治委员。这个连近百名战士，只有七条枪，其余尽是明晃晃的梭镖。后来有一次在刁坑同敌遭遇，特务营参加了突击战斗。我军打垮了敌人两个团。于是我们换掉了梭镖，全都背上了步枪，心里充满了说不出的喜悦。这期间，罗政委对我们的工作抓得很细致，经常指导我怎样发挥党团员的骨干作用，怎样调查研究，怎样与比我年长的连长搞好团结，协同工作……在第一次反“围剿”的战斗中，我们特务营参加了活捉张辉瓒的龙冈战役，嗣后又乘胜向东追击，参加了歼灭谭道源半个师的东韶战斗。由于我们连在平时特别重视政治思想工作，所以上了战场，全连士气高昂，猛虎一样地冲锋陷阵，深受罗政委的称赞。

1931 年 4 月，在第二次反“围剿”的战斗打响之前，我被任命为特务营政委，那时，我们的部队隐蔽集结于根据地前部的东固地区，离敌人只有四十里地。每天清晨，罗政委亲自领着我们爬山，练习抢占山头。那时由于敌人的封锁，我军无油无盐，粮食短缺，罗政委就带着我们利用练兵间隙找野笋、野菜来充饥。在一个漆黑的夜里，我与他一块儿带着松明火把，在水田里为捉泥鳅、抓青蛙的战士们照明。他对我讲：“咱们红军的政治工作，在平时就要有意识地、有目的地培养同志们吃苦耐劳的精神，与战士们同甘共苦。一旦上了战场，领导干部就要鼓舞士气，身先士卒，起到表率的作用。这样才能显示政治工作的威力。”

5 月中旬，趁着敌人离开富田，向我东固开进，占领白云山九层岭的时候，我军出敌不意，突然向立足未稳之敌发起攻击，将敌一个旅歼灭，然后乘胜追击，向工事坚固的富田继续猛攻。我们特务营在这次战斗中又参加了主攻方向的战斗，激战一昼夜，攻下了富田，接着又攻进了广昌县城。15 天内，红军横扫 700 余里，歼敌 30000 余人，彻底粉碎了敌人的第二次“围剿”。我们在战争中赢得了胜利，得到了锻炼。在罗荣桓同志的指引下，我们也取得了部队政治工作的可贵经验。

为了适应革命形势的迅速发展，罗荣桓同志向来是重视培养提拔新生力量的。他常说："培养干部只在老干部中打圈子，路子会越走越窄。我们配备干部，不能一律看资格，要重视德才，只要有发展前途，就要认真培养，大胆使用。"红军时期，他经常把十八九、二十岁的青年干部放到基层去锻炼，使部队工作搞得生龙活虎，朝气蓬勃。经受了锻炼的年轻干部，茁壮地成长，很快就提拔为中上层的领导干部。有的师的政治委员，当时才 20 岁左右。抗日战争时期，我们到了山东，罗荣桓同志是一一五师政委，我是政治部主任，罗荣桓同志仍经常对我说："培养新生力量是带方向性的问题。"师作战科的几个参谋都是参军不久的青年人，缺乏战斗锻炼和实际工作的经验，罗政委就经常帮助他们，不仅对他们起草的文件，详细指点，亲自修改，而且寻找机会，把他们放到尖锐复杂的斗争实践中去进行锻炼。许多当年经过他培养的青年同志，后来都成了我军的高级干部。

罗荣桓同志经常说，培养干部，首先要了解干部，做广大干部的贴心人。他对干部不仅政治上精心培育，而且在生活上也给予无微不至的关怀。由于他在长期革命斗争中同广大干部建立了深厚的友谊，成为同志们肝胆相照的挚友、亲人，同志们也都乐意把心里话告诉他。有一次他生病，长期下不了床，我去向他汇报工作的时候，发现他对所有的情况几乎都知晓。当我觉着惊奇的时候，罗政委和悦地笑了笑说："大伙接二连三地来找我谈心，对我来说，不正好是在病床上进行调查研究的难得机会吗？！"接着他又补充说："关心爱护干部，才能为培养干部创造条件，我们可不能'阎王爷开店，鬼都不上门'哟！"

作为一个杰出的政治工作者，罗荣桓同志有极强的原则性。最令我难忘的是在干部队伍受到伤害、受到摧残的时候，他敢于挺身而起，保护革命干部。1931 年春，由于"左"倾错误的危害，红军有些部队采用逼供信的方式到处抓"AB 团"，搞得人人自危。有人怀疑我们兴国县入伍的全是"AB 团"，乱抓乱杀，许多与我在家乡一块入伍和被我带出来的好同志、好战友硬是给杀掉了。我是兴国人，当时也就在个别人的怀疑之列。罗荣桓政委对这些无端的怀疑非常气愤，他说："萧华从小就在兴国闹革命，到红四军工作后，也工作得不错嘛，又经过战争的考验，凭什么对他怀疑呢？！"就这样，我被保护了。还有其他被关押的同志，也被他千方百计营救了出来。在那样恐怖的日子里，罗荣桓同志敢于坚持真理，敢于这样做，该需要多大的勇气啊！

革命道路是不平坦的。1939 年在山东，微山湖西地区的领导人犯了“左”的错误，又出现了令人痛心的“肃托”扩大化，一次就抓了 100 多人，有一批忠心耿耿的好干部被无情地杀害了。罗荣桓同志得知情况以后，昼夜兼程，赶到湖西，查清情况之后，坚决果断地撤换了领导，将无故被关押的同志全部放出，而且亲自向被伤害的干部赔礼、道歉，使许多同志感动得痛哭流涕。他的果敢处理，解救了同志的危难，挽救了湖西地区的抗日根据地。

在严酷的战争环境中，罗荣桓同志就是这样呕心沥血，关怀、扶持和培养着一个个革命干部，就是这样在“左”的错误横行时，一次次顶住了逆流，使得广大干部免遭伤害。我深深感到，一个革命者假如没有马克思主义政治家的深刻眼力和宽阔胸怀，没有对无产阶级革命事业的高度责任感，没有对同志、对战友的血肉情谊，在尖锐复杂的斗争中是很难做到这一点的。

1938 年，萧华（右二）与罗荣桓（左二）、陈士榘（左一）、李天佑（中）等在山西孝义县。

二

抗日战争[①]初期，山东人民在全国抗日高潮的推动下，先后在许多地区发动了抗日武装起义，轰轰烈烈的武装斗争蓬勃开展起来。但由于国民党留在该地的正规军和地方军很多，加上王明右倾错误的影响，山东地方党的个别领导同志，没有以主要精力认真发动基本群众，独立自主地建立根据地，山东抗日战争的局面难以进一步打开。1938 年 4 月，山东分局一位同志到达延安，向毛主席汇报山东的情况时，毛主席就答应派一支主力部队去。后来，在中央扩大的六届六中全会上，党中央决定派兵到山东。这个艰巨而光荣的任务就落到了罗荣桓同志的肩上。1938 年秋，我奉总部和罗政委之命率领一一五师三四三旅机关和一部分部队，进抵冀鲁边区的乐陵城，整编了当地武装，组成“八路军东进抗日挺进纵队”。翌年 3 月 2 日，罗荣桓同志亲率六八六团到达鲁西地区。第二天，便在郓城西北奔袭敌伪重要据点樊坝，全歼敌伪一个团，为创建鲁西根据地奠定了基础。早在 1937 年 9 月，一一五师在平型关地区就曾给日军著名的坂垣师团以歼灭性打击，因此我们一进入

1937 年 9 月 26 日，平型关大捷次日，萧华坐在山头上即兴赋诗：雄师怒气冲霄汉，挥戈平型斩坂垣。长城磅礴军威壮，誓扫倭奴山河还。

① 抗日战争指全民族抗日战争。

山东即为日寇所注目，敌人便寻找各种机会对我进行报复。

对于踏上中国土地的凶恶的日本侵略者，罗荣桓同志总是将它置于历史的长河中，以深邃的政治眼光进行分析的。他有一次对我们说："我们中国一百多年来的历史反复证明，只有将广大工人、农民、知识分子和其他爱国人士组织起来，艰苦奋斗，才能完成中华民族抗击外来侵略的艰巨任务，才能打败凶恶的日本帝国主义。而组织和领导如此广泛的民族统一战线，只有中国共产党才能担当。因此我们必须坚持毛主席所提出的独立自主的原则，否则山东的抗战工作是没有前途的。"就这样，在罗荣桓同志领导下，山东军区提出了独立自主广泛开展分散性群众性的游击战争的方针，各部队一面大力发展地方武装，一面实行了主力地方化，组织了许多精干的小分队，像匕首、投枪似地出没在敌人中间，到处钳制敌人，打击敌人。同时又抽调大批人员组成武工队，采取各种斗争形式，深入敌占区开展工作。罗荣桓同志亲自给各个小部队规定任务，指示方法，使他们坚决执行了"避强击弱，避实击虚""速打、速决、速走""打赚钱仗"等战术原则，我广大军民在山东的土地上伸出无数个铁的拳头，沉重地打击侵略者。另外，我们还广泛地开展了对敌政治攻势，进行瓦解敌伪军的工作，普遍实行伪属登记，宣传我军宽待俘虏的政策，开展"唤子索夫运动"。伪军中谁做了对人民有益的事，就给记一个红点；谁做了坏事，就记一个黑点。红点多的可以赎罪，黑点多的要受到人民武装的惩罚。政治攻势与游击战争相结合的结果，是人民战争的火焰熊熊地燃烧起来了，日本侵略者完全陷入了被动挨打的地位。例如，活跃在鲁南铁路沿线的铁道游击队，断铁路，炸火车，卸开车厢挂钩，就给枣庄、滕县等地敌人以很大威胁。我有一次穿越敌占区前往太行山，向北方局总部去汇报工作时，白天就是在距枣庄七八里地的青纱帐里隐伏的，游击队和群众给我们送来了大饼、枣子和米汤；夜间，铁道游击队掩护我们穿越了铁路，群众就在我们过去之后扫净了马蹄印，然后去向日军报"平安"……总之，在短短的时间里，根据地建设得更好了，山东的土地变成了埋葬侵略者的坟墓，我们却像蛟龙归海一样，可以活动自如、神出鬼没地打击敌人。

罗荣桓同志卓越的领导艺术，更集中地体现在指挥广大军民进行反"扫荡"、反"蚕食"的战争当中。

1941 年冬，日本侵略者出于战略上的迫切需要，调动五万人马，对沂蒙山抗日根据地进行空前残酷的所谓"铁壁合围"的大"扫荡"。在相当艰苦的50天反“扫荡”当中，沂南县的留田突围是最惊险的一幕。敌人出动了坦克和骑兵，动用了几十门大炮和数百挺轻重机枪，分成十一路从四面八方压向沂蒙山区，把我们一一五师领导机关和集结在留田一带的部队重重包围了。举目望去，大路、小路、山谷、田野，就连放羊的山径上，都是黄溜溜的日本兵。很显然，敌人是不惜血本，孤注一掷，决心要以大于我们20倍的力量置一一五师首脑机关于死地。在军事会议上，大家围着地图对突围方向议论纷纷，有的主张往东，有的提议向北，也有的坚持向西。罗荣桓同志穿着灰棉军装，扎着黄皮带，打着人字形绑腿，踩着旧布条打成的草鞋，不言也不语，耐心地听取着同志们的分析和争论。大伙争论得难解难分，目光不约而同地投向罗政委。只见他大手一挥，斩钉截铁地说：“我的意见应该向南突围！”往南，明明是敌人的心脏临沂呀！对罗荣桓同志的决策，大家感到相当吃惊。罗荣桓同志环视着大伙，眼镜后面的眸子分外有神，他镇定自若地分析道：“日军‘扫荡’，妄想围歼我们山东的指挥机关，集中兵力向我中心区合围，后方必定空虚，我们乘机插到他的大本营临沂地区，他们是料想不到的，这就叫出其不意，攻其不备。”就这样，我们机关直属部队两三千人马在茫茫夜色里一律枪上刺刀，压满子弹，而且勒住了马嘴，宣布了不许打电筒、不准咳嗽的行动纪律，在仅余一里多宽的两山空隙之中向南穿插。那天晚上，我随先头连走在前面，看得见大小山头上火堆连着火堆，火堆旁闪动着敌人巡逻兵的身影……情况果然像罗政委分析的那样，敌人后方空虚，戒备不严，他们也万万没有料到，一一五师会有这样的虎胆。结果是我们没费一枪一弹，安全地、巧妙地跳出了五万敌寇的严密包围。

突出重围以后，我们转移到了蒙山地区。罗政委立即安排了反“扫荡”的第二步，他声音洪亮地告诉我们：“现在我们要折回头往北走，重新杀回沂山的中心根据地去！”他的脸上掠过一丝忧虑，深情而激动地说：“同志们，沂蒙山区是咱们的老根据地，那儿的群众与我们血肉相连，前天敌人在那里扑了空，现又在布置新的‘合围’，必然要像疯狗一样地在根据地杀人放火，奸淫掳掠。我们要坚决地杀回去，把敌人的主力调出来，粉碎日军的‘扫荡’。”我们乘着夜雾往回插。那个晚上，无月无风，一片漆黑，日军恰好又分成七八路，偷偷摸摸地往南反扑了。他们穿着大皮鞋，为了不发出响声，全都在公路两旁的田地里走。我们的侦察排，悄然前进，在前面担任向导的民兵，有的竟然在黑地里摸到了日兵头上的钢盔（日军执行命令很机械，不到合围地点，谁也不许打枪）。就这样，在罗荣桓同志的带领下，我军健儿在几路日军的间隙中穿插而过，又杀回了沂山根据地，坚持了 40 多天的战斗，先后打了 400 余仗，歼灭日、伪军 6000 余众，粉碎了空前的大“扫荡”。表面上看，这种战法很危险，实则很安全。罗荣桓同志骑着他的骏马“花斑豹”，经常在最紧张的时候，带领着我们穿隙插空，声东击西，像飘忽的迅雷闪电，战斗在敌人的心脏里。

作为我军的一位高级将领，罗荣桓同志具备着一个军事家特有的气度和魄力。

记得我们 1930 年初秋第二次攻打长沙转移到株洲的时候，已是黄昏时分，红军战士们正在吃晚饭。我们和罗荣桓政委围坐在一张方桌旁，边说边笑，正吃得津津有味，突然空中传来了由远及近的“嗡嗡”声，警卫员报告，敌人的飞机来了。大伙劝罗政委避一避，他不慌不忙地说：“先让战士们疏散吧。国民党这破飞机，成不了什么气候。”说罢，仍然照旧说笑，照常吃饭。外面相继传来了炸弹的呼啸声，爆炸声，警卫员也再三再四地催促我们隐蔽，就在这时，一颗炸弹穿透房顶，哐啷一声落到了我们的饭桌上。说也巧，炸弹未炸，我们的饭盆却给砸翻了，饭菜四溅，灰尘弥漫，大伙目瞪口呆。罗荣桓同志发现那沾满了菜汤的家伙，却原来是一颗迫击炮弹，禁不住开怀大笑起来。他一面笑，一面招呼警卫员：“来呀，收拾一下，咱们还要吃饭嘛！”搬走了炮弹，重新上菜盛汤，我们又照样吃饭了。那时候，我就由衷地钦佩罗荣桓同志的胆识和气质。

抗日时期到了山东，在同凶险狡猾的日本侵略者较量的时候，越是我们的高级司令部，越发为日军“扫荡”的重点目标。这期间，我们简直就是在刀林剑丛中前进的，时时刻刻都处于险境。可罗荣桓同志却是异常的镇定、沉着而老练，望着他的神态、动作，听着他的分析、指点，同志们都觉着有了主心骨，自然会信心倍增。1939 年 7 月底，日军趁我们一一五师进山东不久，集中 600 余人，携带两门野炮，在鲁西平原上横行霸道，寻找我主力作战。罗荣桓同志亲临前线，布置部队预伏在梁山附近，他自己安详地迈步来到梁山庙前，战斗开始后，子弹、炮弹不断地在附近飞啸、爆炸，而罗政委一面指挥战斗，一面不停地摇着扇子，直至六百日军全歼，两门野炮被我缴获之后，他才站起来拍了拍身上的尘土，摇着扇子离开了阵地。“羽扇纶巾，谈笑间，樯橹灰飞烟灭”，长期在罗荣桓同志身边，我们真切地感受到了我们共产党人战斗精神的火花……

就这样，罗荣桓同志以军事家所独有的英雄气魄，在山东敌后抗日战争这个舞台上，巧妙地运用了毛主席的人民战争思想和机动灵活的战略战术，发展抗日民族统一战线，建立了巩固的山东抗日根据地，沉重地打击了日本侵略者，使山东的抗日战争赢得了一个又一个的胜利。

三

在长期的战斗生活中，罗荣桓同志给我留下的是一个实事求是、朴素无华的革命长者的形象。他戴一副近视眼镜，自己又是大学生出身，外表庄重严肃，内心一团火热，对革命赤胆忠心，对同志关怀备至，在红军队伍中，他是最受欢迎的领导人之一。

在红军时期，营以上的主要干部都有一匹马，而罗荣桓政委的马，不是骑着负伤的战士，就是驮着病号；再不，就是摞得高高的枪支和背包。罗荣桓同志自己经常和大家一起走路。没有床，他就和战士们一起睡在稻草堆里；冬天棉衣少，他把自己的棉衣让给战士。他经常对我们说："带兵就要爱兵，从政治上爱，从生活上爱，才能团结一心，战胜敌人。"有时在戎马倥偬的战场上，通信班的小鬼给他送来了急件，他总是高兴地说："来，伸开手掌！"郑重地给手心写上两个字："收到。"送信的小鬼深情地望着罗荣桓同志，翻身上马，疾驰而去……全国解放后，有人问罗荣桓同志："你在山东的那几年，我们大家都感到工作好做，心情舒畅，这是怎么回事？"当时，罗荣桓同志只简要地讲了两句："没有什么特别的，就是实事求是地对待革命，对待同志嘛！"简单的回答，实际上是罗荣桓同志的革命精神的最真切的写照。

罗荣桓同志的另一个显著特点是严于律己。早在井冈山时期，他就和同志们一起下山背米，上山打柴，同吃红米饭，同喝南瓜汤，养成了艰苦奋斗的习惯。在中央苏区，有一年，因为天气酷热，蚊虫叮咬，战士们有许多生了疮，影响了战斗力。当组织上规定大家不要喝生水，不要吃辣椒的时候，身为军团政治部主任的罗荣桓同志也严格地这样做了。他是湖南人，最喜欢吃辣椒，尤其在物质生活极其菲薄的情况下，能带头不吃辣椒，可不容易呀！到了山东，特别是1942年，久旱不雨，战斗频仍，他又多病，在部队缺粮的情况下，他作为高级领导者，仍然带头和我们一块吃地瓜藤和烂梨子做成的煎饼，管理科的同志为了照顾他，想额外弄点小米，他都不允许。罗荣桓同志以身作则不仅仅表现在艰苦奋斗方面。要求部属做到的，他都注意首先从自己做起。在红军时，为了活跃部队的文化生活，他积极支持机关组织了业余剧社（战士剧社的前身）。尽管他本人并不喜欢跳跳蹦蹦，但为了做到官兵同乐，他仍然和聂荣臻、罗瑞卿等同志一道亲自登台演戏。罗荣桓同志的好思想，好作风，既体现在日常生活的琐碎细事中，也体现在兢兢业业的踏实工作中。他作报告，写文章，总是从事实出发，深入浅出，通俗易懂，简要明了，绝无空洞乏味的八股腔，更无哗众取宠的虚浮气。可以说，他是以质朴、求实的精神，赢得了全党同志和全军将士的尊重和钦佩。

人常说烈火炼真金。战争的残酷火焰，也严峻地考验着罗荣桓同志的意志和毅力。1942 年是斗争最复杂、最艰苦的一年，这年 8 月，国民党一一一师一部，纠集了一批反共土顽分子盘踞在甲子山区，威胁着我滨海抗日根据地。为了打击敌人的嚣张气焰，山东军区集中了六个团的兵力进行作战，罗荣桓政委亲自带领一个骑兵排到前线指挥，一连十几天的急行军，披星戴月，餐风饮露，生活十分艰苦。紧接着又是连续五昼夜的攻坚战，战斗结束后，因为极度劳累，罗荣桓同志病倒了，一小便就是一盆血，那时候缺医少药，有时只能在农村寻求土方子治疗。有一次，为了做尿道探测检查手术，

1950 年初，罗荣桓（中）、刘亚楼（右）与萧华在颐和园。

由于器械落后，没有麻药，他忍着难言的疼痛，一连坚持了三个钟头，汗水湿透了床单。就这样，他还一直不让将他的病情报告党中央，仍然常常带病到情况最危险、斗争最尖锐的地方去。病情严重时，就坐着担架指挥作战。战友们无不为他的顽强的革命意志和高贵的革命品质所深深感动。1945 年 4 月，在延安即将召开中国共产党第七次全国代表大会，罗荣桓同志和我是正式代表，那时候，山东解放区正处在反攻的前夕，罗荣桓同志重病在身，脸色黄黄的，林月琴同志和奥地利医生罗生特一直紧张地守护在他的身边。在这种情况下，如果他去开会，会后可以在延安养病，无论是医疗条件还是生活条件都要比在山东敌后好。可是他却与我相商："我的意见，咱俩请示中央，我们不去参加延安的代表大会了，山东目前处于反攻前夕，有许多准备工作亟需完成，我看我们还是以有力的实际行动来迎接这次大会的召开吧，你看行么？"就这样，在山东这块富有光荣传统的土地上，罗荣桓同志一直带病坚持到抗日战争最后的胜利。"负病齐鲁扫敌寇"——罗荣桓同志是以惊人的革命毅力与日本侵略者斗争到底的。毛主席说过，我们中华民族有同自己的敌人血战到底的气概，有自立于世界民族之林的能力。从罗荣桓同志长期坚持作战的奋斗生涯中，我深深地体会到了这一点。

1963 年 12 月 16 日，罗荣桓同志不幸逝世的消息传到中央政治局常委会

1960 年春，在贵阳花溪。前排左三起：萧华、罗荣桓、聂荣臻、贺龙；右起第三人为罗瑞卿。

议上，毛主席心情非常沉重，中断了会议，领头起立默哀，他说：“一个人数十年如一日，忠于党的事业，很不容易啊！”这是对罗荣桓同志一生的高度评价。我们的刘少奇同志和周总理多次赞扬罗荣桓同志坚强的革命精神和毅力，毛主席、朱德委员长和叶剑英同志写诗哀悼罗荣桓同志，邓小平同志也常对我们说：罗荣桓同志是位好主任，很好，很有威信。

我与罗荣桓同志一块生活、战斗过30多年，他那魁梧的身影，慈祥的面容，他那亲切的教诲，风趣的谈笑，给我留下了永不磨灭的印象。“暴风雨中飞海燕，泰山顶上立青松。”作为我的上级，我的老师，罗荣桓同志将永远是高扬在我的眼前的一面旗帜，策励我在新的征途上勇敢前进。

英烈浩气万古存

——悼念罗瑞卿同志①

罗瑞卿同志逝世的噩耗，传到皋兰山下，黄河之滨，使我十分震惊和悲伤。望着西北高原的辽阔云天，听着使人心碎的讣告，我不禁泫然泪下。我的全家和周围同志也都陷入万分悲痛之中。罗瑞卿同志的逝世，使我军失去了一位精明干练、勋劳卓著的杰出领导人，使我失去了一位在同战斗、共患难的革命征途中结下深厚情谊的首长和战友。这是何等巨大的损失，又是多

1951 年，总政在沈阳召开志愿军保卫工作会议。左起：罗瑞卿、张秀山、萧华、莫文骅、谢甫生。

① 原载《解放军文艺》1978 年 9 月。

么深沉的哀伤啊！几天来，百感交集，思潮翻滚，罗瑞卿同志亲切的音容笑貌，他那刚直不阿、疾恶如仇的高贵品质，时时浮现在我的眼前。

沉痛的回忆将我带到了今年3月和罗瑞卿同志的最后一次会面。当时，我们在北京开会期间，罗瑞卿同志因病住院，我到医院去看望他。由于林彪、江青反革命集团的残酷迫害，使他跟随毛主席南征北战、跨越过千山万水的双腿致残，加上遭受长期折磨后积染的疾病的袭击，迫使他躺在病床上。一见面，他就紧紧地握住我的手，亲切地询问我的工作、身体和一家人的生活情况，勉励我在新的长征中做更多的工作。在会见中，罗瑞卿同志对我们部队揭批“四人帮”的运动十分关怀，并要我们总结这方面的工作经验。这次会见，使我再一次深深感受到罗瑞卿同志崇高的革命品质，顽强的革命意志，对党对人民的耿耿忠心，对同志的无限热忱。他虽然受到万恶的林彪、江青反革命集团令人发指的残酷迫害，而且身患重病，但他一再表示要争取时间，多做工作，努力为军队建设献出自己的一切。当他谈到这里时，两眼炯炯有光，神情十分激动。他这种“烈士暮年、壮心不已”的革命情操，深深地感染了我，使我闪出了难以抑制的泪花。我想，敬爱的陈毅同志的著名诗句“大雪压青松，青松挺且直”，不正是罗瑞卿同志的光辉写照吗？可是万万没有想到，这次见面，竟成了永诀。正当新长征的号角已经吹响，我们热切希望他为我军建设作出更大贡献的时候，这位身经百战、遭受各种狂风暴雨袭击而坚强不屈的老将，竟然长眠不起了，这怎能不使人热泪满襟呢！

20世纪60年代初，萧华与罗瑞卿在一起。

罗瑞卿同志的一生，是光荣的一生，战斗的一生。他热爱伟大领袖毛主席。从1929年来到红军部队，几十年来，跟随毛主席南征北战，披荆斩棘，历尽艰险，不管遇到任何挫折与失败，都动摇不了他对党、对毛主席的忠诚；他立场坚定，旗帜鲜明，始终站在无产阶级革命路线一边。1935年5月，在会理，聂荣臻同志对林彪的错误进行坚决斗争时，罗瑞卿同志坚决支持聂荣臻同志，坚决维护毛主席在全党全军的领袖地位。在长征途中，毛主席经常跟随红一军团行动，当时任红一军团保卫局长的罗瑞卿同志，不论在行军行列，还是毛主席亲临前线指挥作战，他总是守护在毛主席的身边，保卫着毛主席的安全。建国以后，罗瑞卿同志任公安部长时，更是把毛主席的安全时刻挂在心间。每次毛主席外出，他都跟随同去；每当毛主席有活动，他都亲自布置检查保卫工作，想得非常仔细、周到，充分体现了他对毛主席的赤胆忠心。

罗瑞卿同志热爱毛泽东思想，不仅积极倡导部队认真学习马列著作和毛主席著作，而且身体力行，堪称学习模范。1956年，毛主席指示我们学习政治经济学，我和罗瑞卿同志一起到成都去学习，他那刻苦学习的精神，密切联系革命和建设的实际，敏锐、精辟、深刻分析问题的能力，给人以极大的启发。1964年，《毛泽东著作选读》出版发行，罗瑞卿同志带头学习，发表了学习毛主席《被敌人反对是好事而不是坏事》的体会文章，深刻论述了毛主席这篇光辉著作的伟大思想，并且指出：学习这篇著作，就是要深刻领会其精神实质，把著作中的伟大思想运用到当前反对帝国主义、保卫世界和平的斗争中去，运用到我国社会主义革命和建设的实践中去，使我们在国内外阶级斗争中看得清、站得稳、顶得住。

罗瑞卿同志任总参谋长期间，在同林彪的资产阶级军事路线的斗争中，他无私无畏，心明眼亮，坚决、勇敢地执行无产阶级革命路线，为全面提高我军战斗力，作出了卓越的贡献。他坚决捍卫毛泽东思想，坚持系统地学习马列著作和毛主席著作，坚持我党一贯倡导的革命学风。对林彪反马列主义、毛泽东思想，鼓吹“顶峰”“走捷径”“背警句”等一系列假“左”真右的做法进行了抵制和斗争。罗瑞卿同志毫无畏惧地指出，学习毛主席著作，必须与学习马列著作结合起来，要向广度和深度进军。毛主席指示军队的高级干部要读三十本书，他坚决贯彻执行，带头刻苦学习。罗瑞卿同志力求完整地准确地学习马列主义、毛泽东思想，要求真正掌握马列主义的立场、观点和方法。他自己就是这样做的。他在如何做好部队政治思想工作问题上，总是强调理论与实践相结合，要从实际出发。他经常深入部队调查研究，发现带倾向性的问题，总要同当时总政领导同志反复研究、商量，提出解决的办法。

1964年，罗瑞卿同志根据毛主席的指示，在叶副主席的直接领导下，顶着林彪煽起的阴风逆流，具体组织领导全军群众性的大练兵运动。他反复强调，我们大练兵总的口号是：政治第一，技术第二，又红又专，红专结合。他还说，我军在政治上是任何敌人都不能相比的，再加上军事训练搞好了，战术技术过得硬，那就什么敌人都不怕，任何敌人也奈何我们不得。群众性的练兵运动兴起以后，罗瑞卿同志经常深入部队，发现、培养典型，总结推广经验。这次大练兵是对部队思想、作风、纪律、技术、战术的一个全面锻炼，大大提高了我军的战斗力。1964年6月15、16日，毛主席和周总理、朱委员长以及叶副主席、邓副主席等党和国家、军队的领导人，兴致勃勃地观看了北京部队、济南部队的军事表演，给予了极高的评价。毛主席高兴地说：北京、济南部队的表演很好，要在全军普及。周总理说，就是要这样训练！罗瑞卿同志为加强我国无产阶级专政，实现我国国防现代化所作出的巨大贡献，将永远为中国人民和我军广大指战员所怀念！

在这沉痛的日子里，我又想起了他那献身革命、勇于牺牲的精神。他腮上的那块伤疤就是这种精神的真实印记。这块伤疤是1931年第二次反“围剿”战斗中留下的。当时红四军担任夺取观音岩的任务。观音岩悬崖峭壁，怪石嶙峋，易守难攻。总攻开始后，战士们攀附着石块草木，艰难地向山顶守敌进攻，战斗非常激烈。这时，担任十一师政委的罗瑞卿同志身先士卒，带领战士们勇猛冲杀，就在战斗节节胜利的时候，一颗罪恶的子弹穿过他的腮帮……他的模范行动给战士们增添了极大的力量，战士们在迫击炮的掩护下，勇猛地歼灭了守敌，迅速夺取了战斗的胜利。……建国二十多年来，罗瑞卿同志一直把战争年代陶冶出来的这种“一不怕苦，二不怕死”等优良传统作风保持和发扬了下来。他曾多次不畏寒暑，冒着风霜雨雪视察祖国的边疆海防，他曾深入连队宣讲中央文件。他的工作作风一贯认真细致。机关工作人员向他汇报情况，从来不能用“大概”“可能”之类的字眼，一定要把时间、地点、情况讲得一清二楚。如果部队发生了重大事故，他在百忙中，都要亲自过问，查明原因，提出解决办法。他的这些优良作风，给人们以深刻的影响。

罗瑞卿同志一贯密切联系群众，和群众打成一片。在红军时代，部队开晚会，罗瑞卿同志和战士们一起登台演出，利用文艺形式向广大指战员进行思想教育，他总是把部队搞得生龙活虎热气腾腾的。1932 年春节，红一军团宣传队的同志排演话剧，罗瑞卿同志主动给宣传队的同志当导演，并和战士们一起排练。聂荣臻、罗荣桓等军团领导同志也都扮演了角色。演出那天，台上“兵演兵”，“将演将”，台下一片欢腾，掌声阵阵，充满了团结、紧张、严肃、活泼的气氛。

20 世纪 50 年代初，萧华（中）与罗瑞卿（左）、杜平（右）在一起。

罗瑞卿同志非常关心干部，体贴同志。1964 年我因病需要治疗，当时轰轰烈烈的大练兵正在全军蓬勃兴起，总政的任务十分繁重，罗瑞卿同志知道后，及时安慰我集中时间养好病，说总政的工作他可以帮助。听了这暖人肺腑的话，我十分感动。罗瑞卿同志经常询问、指导总政的工作，遇到问题总是热情地帮助解决。每当同志们把这些情况告诉我，都激起我的敬佩之情。因为我深知他的工作很忙，总政的工作又让他分心，感到心里很不安，就给他写信表达了我的心情。后来罗瑞卿同志亲自到天津看望我。特意把毛主席给王观澜同志的信写成隶书送我。他已经多年不写隶书了，为写好它先后用了几盘墨，花了不少精力。看到那苍劲挺拔的字体，我的心情久久不能平静。这不是普通的书笺，而是一片真挚的关切之情，字里行间凝结着革命同志的阶级情谊。

1974 年，听说罗瑞卿同志已历尽迫害和折磨回到了北京，我便怀着急切的心情去看望他。一见面，共同的逆境厄遇把我们的心紧紧地连在一起，我们都激动地流下了热泪。他痛斥林彪一伙的阴险毒辣，痛斥林彪一伙“砸烂总政阎王殿”的罪恶阴谋，决心同一切机会主义分子斗争到底。无端的打击与陷害不仅没有使他灰心，反而给他不屈不挠的性格以更大的砥砺，更激起了他对林彪、江青反革命集团的无比仇恨。祸国殃民的江青反革命集团被粉碎后，党中央任命罗瑞卿同志担任了军委秘书长。他以坚强的革命毅力战胜残疾，夜以继日地为党工作，辛勤地处理部队建设的许多重要问题。我到兰州部队工作后，他多次给我们打电话，勉励我们搞好揭批“四人帮”和清查工作，除恶务尽，并对各方面的工作给以亲切指导和鼓励。正当革命事业最需要他的时候，他却带着林彪、江青反革命集团留给他的遍体伤痕，怀着对社会主义祖国美好未来的无限向往，和我们永别了。罗瑞卿同志虽然离开了我们，但他的革命精神，他那优良的工作作风和崇高的革命品质将永远铭记在我们心中，激励我们紧跟党中央，在新长征的伟大进军中，夺取更大胜利。

1978 年 8 月 5 日

悼吴高群同志[①]

吴高群同志，江西上犹营前人，家贫，自幼即在本地杂货店当学徒，继任店员，此时即加入工会。1927年到白军当兵，因在长期的资本家军阀压迫的痛苦生活中，锻炼了自己的阶级觉悟，成就了一个英勇的阶级战士。

高群同志参加白军不久，即于同年（1927年）底参加了红军第四军，1928年初在湖南郴州入党，由于他的阶级意识很强，工作努力负责，学习努力且进步快，故得由战斗员而排长而到党代表、大队长而团长、师长，一天一天地加重了他的工作。部队改编后，又升任“少共国际师”师长。不幸于团村战役中被敌机炸伤，本月24日20时与世长辞了。

高群同志牺牲时年仅23岁，他是一个进步最快最有发展前途的青年指挥员，他的死是革命战争中的很大损失，然而这种牺牲正是为着广大工农群众的解放，为着苏维埃的中国，是最有价值的啊！

我们追悼吴高群同志，用不着涕哭，用不着悲伤，我们只有以更高度战斗热情，迅速消灭敌人，并加紧防空防毒，打下敌人的飞机，来纪念吴高群同志！

1933年12月

---

① 原载《红星报》1933年12月31日第22期，署“红星编委”。

纪念李子芳同志

我认识李子芳同志是在1932年4月。时值红一军团攻克漳州不久，闽赣革命形势迅猛发展，吸引着大批有志青年参加红军。当时由中共福建省委介绍了一批知识青年到漳州参加军队工作，来的人当中有一些是华侨，李子芳同志就是其中的一个。他二十出头，操着浓重的闽南口音，道地的农民模样，从外表谁也看不出他是个大学生，更看不出是个华侨青年。他来到部队，红一军团政治部给他分配了工作，任组织部干事，搞"扩红"，从事宣传和组织工作。当时我在红一军团任青年工作部部长，由于工作的关系，我们认识了，并逐渐熟悉起来。

他参加过第四次和第五次反"围剿"斗争。以后，我调"少共国际师"任政委时，他担任红一军团政治部组织部组织科科长，那以后，我们见面的机会虽然少了些，但彼此还经常互相打问。问到的人说起他来无不表示敬重与赞扬，敬重他的光明磊落的人格和质朴诚挚的品德，赞扬他埋头苦干的工作和谦虚谨慎的作风。长征途中，遵义会议以后，"少共国际师"和红一军团主力合并，我一度担任组织部部长，他在我直接领导下工作了一个时期，我们接触的机会更多了，他给我的印象，总是那样踏踏实实，兢兢业业，也总是那样生气勃勃，永不怠倦，就像是一根上足了的发条，有一股永远也使不完的精力。

红军长征到达陕北以后，李子芳同志任一军团组织部副部长，三七年被派往延安学习，三八年党组织分配他往新四军任组织部部长。在皖南事变中英勇牺牲，那年他才三十岁。

听到李子芳同志牺牲的消息，我们都很难过，不少人流了泪，大家都很怀念他。在和李子芳共同战斗的日子里，他用对党、对祖国、对人民的一片赤子之心赢得了同志们的爱戴与尊敬。

李子芳同志对祖国爱的那样深沉，当可爱的祖国在日本法西斯铁蹄蹂躏下痛苦呻吟的时候，他没有忘记做一个中国人的责任，没有失掉一个中国人的尊严，没有在国破家亡的境况中独得其安。他毅然从海外归国，又决然辍学，投笔从戎，与祖国人民共赴国难。为了迎接民族的解放，他慷慨地把满腔热血洒在祖国的土地上，他是祖国的好儿子。

李子芳同志对党的事业无比坚定，对革命充满着必胜的信心。无论是在反“围剿”斗争中，还是在长征途中，艰苦、饥饿、疲劳常常伴随着红军，疾病和死亡也常常威胁着红军战士，李子芳同志总是勇敢地承受着这些严峻的考验，在任何情况下，他都不消沉、不沮丧、不动摇。他的心和党一起跳动，他和党一起战斗，一起为胜利而兴奋，一起为暂时的挫折而焦虑，一起为革命的前途而思索。他坚信，有共产党，有毛泽东同志，中国一定会有一个光明的未来，他是党的忠诚战士。

李子芳同志热爱红军，热爱自己的本职工作。参加红军以后，他一直从事政治工作，当时红军中知识分子很少，他算是部队中的佼佼者，但他从不以大学生自居，总是虚心地学习，努力地工作。他有较高的文化知识，也有很好的思想修养，到部队不久，便很快地熟悉了政治工作业务，具备了一个

李子芳纪念馆

红军政治工作人员的良好素质：严谨、周密、细致、泼辣。他经常到一线部队去检查工作，凡是组织交给他的任务，总能想方设法完成。他是一个优秀的红军政治工作者。

惋惜的是，他离开我们太早了，没能听到中华人民共和国的第一声礼炮……

李子芳同志离开我们已经四十多年了，在他洒过鲜血的这片土地上，再也看不到奴役、屈辱和不平了，但是烈士为之奋战、捐躯的祖国还未完全统一，金瓯尚缺一角，海峡犹断南北，我想，烈士倘还有灵，总不会阖目。当年，一个华侨青年，饱受漂流之苦，深怀思国之情，毅然返国，颔首就义，他想的，盼的，决不是让一道海峡永远把祖国人为地割为两半。现在，又有多少炎黄子孙，在异国异乡翘首相望呢？他们思国、恋国，望山河统一，想骨肉团聚，盼为台湾归回祖国出力，盼为中华民族的繁荣昌盛献身，其志之诚，和当年的李子芳烈士多么相似，我们的华侨同胞，有着爱国的光荣传统……

烈士的遗愿一定能够实现。

李子芳同志永远活在我们心里。

1982 年 1 月

悼念符竹庭同志[①]

符竹庭同志的牺牲，的确是我党我军的一个重大损失，因此追悼符竹庭同志，不能限于一般的哀悼与悲痛，而应该对敌人增加千百倍的仇恨，鼓舞全体指战员坚决杀敌的斗志，用“以眼还眼，以牙还牙”的精神，向日寇法西斯进行反击，勇敢地踏着符竹庭同志的血迹前进，直至摧毁法西斯的野蛮统治。

1942 年，符竹庭在山东滨海军区。

为了贯彻这种精神，我们全体指战员、政工人员，还必须以诚恳虚心的态度，来学习符竹庭同志，继续完成其为党为革命而努力奋斗终身的事业。符竹庭同志是一个身经百战的老干部，从江西苏维埃运动时，他就勇敢地参加了革命的武装部队。他历任过政治工作中的各种职务，在长期反对反革命的武装斗争中，表现出他的坚定果敢与倔强，在党不断地培育之下，发挥了他个人的才能。因此在红军时期，他就担任过团的主任、政治委员和师的政治部主任；抗战后，他担任过冀鲁挺进纵队的政治部主任，鲁西军区政治部主任、教导二旅政治委员及现任之滨海军区政治委员兼区党委书记。在他一生的奋斗中，

① 原载《大众日报》1944 年 7 月 7 日。

由于切实负责和不断追求上进的结果，建立了许多功绩。这一光荣的斗争历程，不仅值得大家钦敬，而且更应该受到表扬和学习。

由于符竹庭同志长期担任部队政治工作，他在内战时期和抗战以来，积蓄了丰富的经验，对巩固部队，提高战斗力，起着很大的作用。在江西苏区，他担任着红一团的政治委员，而红一团是战斗特别是守备的模范兵团，曾得过总部授予的“顽强守备”的称号；它在无数次的守备战斗中，都表现了勇敢顽强的精神和与阵地共存亡的决心。因此，多次击溃了数倍于我的敌人进攻。如有名的雪山崇、猫嘴峰诸守备战中，不管敌人炮火如何炽盛，飞机如何竟日地在战地上轰炸，敌人步兵如何密集地冲锋，但每次都胜利地完成了上级的任务，阵地仍然是屹立不动，而失败死亡的正是敌人。这些英勇战斗的进行，除军事上的指挥之外，主要是依靠政治工作，依靠全体指战员政治的自觉。如果没有强有力的政治工作的保证，那是万不可能的。在平时建军中，对政治教育，对军事体育的训练，对支部工作的领导等，都曾经获得了很多的经验。他曾经在党报党刊上发表过政治工作的论文。到鲁南后，曾经积蓄冀鲁边工作的经验，整理出一篇很长的关于平原战时政治工作的论述。

1942 年 7 月 7 日，赣榆县抗日烈士纪念碑落成，山东军区领导出席落成仪式。罗荣桓（后左三）、黎玉（后左四）、陈光（后左二）、萧华（后左六）、陈士榘（后左七）、符竹庭（前左三）出席。

符竹庭同志同样的也是一个很好的军事指挥员。他不仅经过长期实战的体验，而且还积极研究关于作战指挥以及军事建设等学问。正由于他虚心学习和钻研，所以他的进步是很快的。他也曾担任过许多主要战役的指挥。攻克赣榆战役的辉煌胜利，便与他的名字联结在一起的。他在历次战斗中，都表现勇敢老练，能照顾到全面问题的解决，能贯彻上级意图的实现，更能处处照顾群众的利益，尤其在最近几年来，他的进步更大，不仅对军政工作表现有能力，而且对财政经济的研究中，也很有心得。因此我们可以毫不夸大地说：符竹庭同志是一个比较全面的干部，也是我们党内的优秀党员之一。

符竹庭同志，尤其值得我们钦佩的，便是对工作的认真负责、埋头苦干的精神。在上级每一个号召与意图之下，都能自动想出各种办法来抓紧贯彻。不做即罢，一做便一定要有始有终把它做好。如今年的群众工作，整风学习，财经工作，都是以身作则亲自动手进行。他没有夸夸其谈的恶习，只有实事求是埋头苦干的精神。因此我们追悼符竹庭同志，就要以老老实实的态度，学习他的高贵品质和优良作风。

符竹庭同志是牺牲了，但这一牺牲是光荣的，成千成万的人将会追念他，学习他生前的事迹；同时也必然要采取行动，更加勇猛地打击敌人。目前整个形势都对我极端有利，法西斯的魁首希特勒正在灾难面前叫嚣，今天，敌人虽然还在疯狂，但他已在向着死亡的路上走着；我们胜利与光明的日子快来到了，愿同志们握紧拳头，做好准备，以便随时向敌寇报复，为符竹庭同志报仇，争取中华民族的解放！

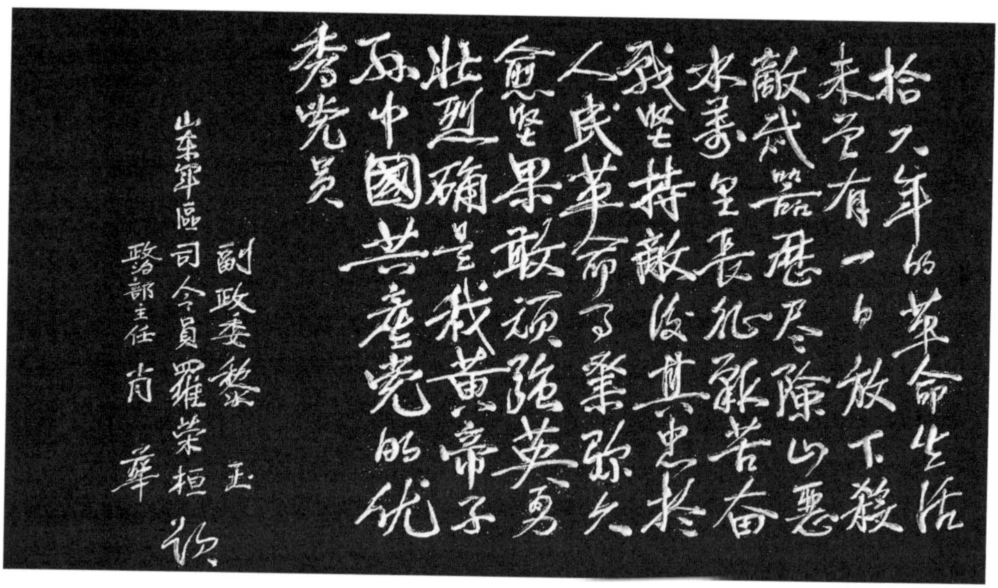

1944 年，罗荣桓、黎玉、萧华等在赣榆抗日山烈士陵园为符竹庭题写的碑文。

中国青年的灿烂花朵[①]

——回忆“少共国际师”

当我看到亿万青少年雄姿英发地朝着四个现代化的宏伟目标高歌挺进的时候，看到祖国年轻的一代在灿烂的新生活中蓬勃成长的时候，不能不回忆起毛泽东同志亲自领导的震撼世界的二万五千里长征[②]那段峥嵘岁月，不能不回忆起战争年代为共产主义事业献出了自己美丽青春的年轻战友，不能不回忆起第二次国内革命战争后期[③]“少共国际师”的青年指战员们为建立新中国而斗争的革命业迹。“少共国际师”是富有光荣革命传统的我国青少年向往社会主义新中国、忠于共产主义理想的生动标志，是中国青年值得引为骄傲的灿烂花朵。时间虽然已经过去了四十多年，但“少共国际师”在中国青年运动史上放射出的革命光辉，是不可磨灭的。它必将成为激励和鼓舞我们进行新的长征的一种强大的精神力量。

1932年11月，萧华任红一军团政治部青年工作部部长。

① 此次再版略有改动。

② 二万五千里指中央红军长征的里数。

③ 第二次国内革命战争后期指土地革命战争后期。

一

这是1933年的事情了。那时，祖国的天空还被阴暗的云雾笼罩着，广大人民群众生活在水深火热之中。只有党领导下的工农武装割据的红色根据地，才如光华四射的晨曦，透过层层云封雾锁，投给苦难的中国以光明的生机。毛泽东同志开辟的中央革命根据地，更是当时全国人民的希望所在。正因为如此，国民党反动派从1930年开始，几度派兵遣将，对中央革命根据地进行残酷的军事“围剿”。但是，在毛泽东同志的正确指引下，在用毛泽东军事思想武装起来的根据地军民面前，敌人的狂妄企图，一次又一次地遭到了可耻的失败。1933年春天，国民党反动派的第四次“围剿”刚被粉碎，它就像一条斗红了眼的恶狼，顾不上舔干净自己身上的污血，又拼命反扑了过来，纠集它所能调动的全部兵力和飞机，由蒋介石亲自部署，准备对我中央革命根据地发动第五次大进攻。数十万反动军队陈兵苏区边境，张牙舞爪，剑拔弩张，形势是十分严重的。“紧急动员起来，保卫革命根据地”，“扩大红军，捍卫胜利果实”，成为当时工农红军和根据地人民的中心战斗口号。从湘赣边到闽浙赣，从赣粤边到中央区域腹地各县，风起云涌地出现了扩军运动的热潮，到处是父送子、妻送郎、兄弟争参军，以及模范少先队、赤卫军整排、整连、整营、整团武装上前线的动人景象。1933年五一劳动节前后，就有七个少先队模范团拥入红军，相继成立了著名的“工人模范师”“兴国模范师”和“瑞金模范师”。为了进一步激发广大青年参军参战的革命热情，充分发挥青年在革命战争中的突击队作用，红军总政治部青年部召开的全军青年工作会议，向中央提出了建立“少共国际师”的建议。这个建议受到了党中央的重视。共青团中央专门召开会议，进行讨论，于5月20日作出了“关于创立‘少共国际师’的决定”。接着6月下旬，少年先锋队总队部召开了江西、福建、湘赣、粤赣等省和边区的少先队队长联席会议。敬爱的朱德总司令亲临大会讲话。他向到会同志分析了当前国际国内的政治形势和根据地面临的国民党第五次军事“围剿”的严重情况，阐述了动员青壮年积极参战和建立“少共国际师”的迫切意义，号召团和少先队的干部、团员和少先队员踊跃参军，用武装上前线的实际行动保卫土地革命的胜利成果，推翻帝国主义、封建主义和官僚资本主义的黑暗统治。朱总司令的讲话，传达了党对青年一代的期望和要求，对青少年是巨大的鼓舞。到会的一千多名团的干部和少先队干部，争先恐后，带头报名。会后，一个创立“少共国际师”的扩军运动，就如火如荼地在根据地青少年中展开了。

当时的红色根据地，普遍进行了以“打土豪，分田地”为中心内容的土地革命，世世代代受压迫受剥削的贫苦农民打倒了骑在自己头上的封建地主阶级，分得了土地和房屋，翻身做了主人。他们把自己的命运同共产党和工农红军紧紧地联系在一起，对保卫红色政权和革命果实，消灭国民党反动派，具有高度的自觉性。当时的政治思想工作也是很细致、很生动的。共青团和少先队的各级干部接到团中央建立“少共国际师”的决定以后，发扬长冈模范乡①干部“日着草鞋去办公，夜打灯笼访贫农”的优良作风，深入到广大乡村，用自己的模范行动，宣传和组织青少年积极报名参加“少共国际师”。永丰县行动最快，团县委书记和少先队大队长，从瑞金开会回来，从上到下，立即开展了大规模的发动工作，几天工夫就动员 500 多名青少年拥入“少共国际师”，被誉为用飞机速度扩军的模范。兴国是毛泽东同志亲自命名的模范县，土地改革、生产建设和扩军备战等各项工作都走在根据地各县的前面。一个只有 20 多万人口的县，在红五月扩军运动中，即组织了 5000 多人上前线。在这个基础上，7 月份又动员了 4000 多名少先队员整排、整连地参加“少共国际师”。整个土地革命时期，兴国青少年参加红军人数在八万人以上。博生县（今宁都县）戴坊区，在团区委书记和组织部长、宣传部长的带领下，不到一个月时间，率领 1200 多名共青团员和少先队员到军区报到。胜利县（包括于都、兴国、宁都各一部分地区）原来分配的指标是 450 人，结果有 1500 多人报名，组建成“少共国际师胜利团”。福建的长汀、龙岩、漳州等地，也有几千名青少年参加到“少共国际师”的行列中来。特别应该提到的是，许多女共青团员和青年妇女，积极动员自己的亲人上前线，表现了高度的政治觉悟和革命英雄主义精神。瑞金县黄柏区女团员吕群英，一个人就宣传了 11 名男同志加入“少共国际师”，还带领青年妇女连夜赶制布鞋、草鞋 50 多双，上面绣着“参军光荣”“英勇杀敌”等字样，慰劳新战士。博生县赖坊乡女团员曾月英、黄九秀，水东乡女青年张新秀、李玉英、杨玉秀等人，细心地做好公婆的思想工作，全家男女老少愉快地唱着山

---

① 长冈乡，是江西省兴国县的一个乡。

红军青年工作部部长萧华的办公室、卧室。

歌，背着背包，欢送亲人出征。在那些炽热的日子里，整个根据地都欢腾起来了。模范少先队的队员们，高举红旗，胸戴红花，手持梭镖、长枪，雄赳赳、气昂昂地从四面八方列队向宁都开拔。通衢路口挤满了欢送的人群，到处是鞭炮轰响，锣鼓喧天，口号声、山歌声此起彼伏。老大爷、老大娘们捧着自己酿造的赣南蜜酒，为儿孙送行；列宁室、俱乐部、蓝衫团的文工队员们，跳着优美的舞蹈，送别自己的战友；连儿童团也组织了扇子队，为过往的战士扇风驱暑，成立茶水站、歌咏队，欢送共青团、少先队的大哥哥们踏上征途。那一幕幕感人的情景，至今回想起来，仍然历历在目。这样的壮丽场面，堪称革命史上的壮举。

“少共国际师”着手组建时，我正在前线。有一天，周恩来副主席把我叫了去，告诉我说，你们青年部关于建立少共国际师的提议，已经得到党中央批准。现在，经过军委研究，决定你担任“少共国际师”的政治委员。我听了，一方面感到高兴，另一方面也有几分胆怯，因为我当时才 17 岁，虽然参军几年，在总政治部也工作了一段时间，但还缺乏独立带兵打仗的经验。我把自己的顾虑向周副主席作了汇报。他爽朗地笑了起来：“正因为你年轻，才叫你去嘛！年轻的干部带年轻的兵，这支部队不就更加富有朝气么！”他还勉励我说，带兵的经验是在实践中积累起来的，革命战士经过斗争磨炼就会逐步成熟。看着周副主席两道浓眉下那炯炯有神的目光，听着他亲切慈祥的教导，我心头发热，浑身是劲，感到吸取了一股无形的力量，兴奋地接受了党交给的这副不算轻的担子。的确，“少共国际师”在当时的红军中，是一支最年轻的部队。战士的平均年龄只有 18 岁左右，还有不少十四五岁的红小鬼。这支部队虽然年轻，但政治素质却是很强的，百分之七十以上的指战员是党员和团员，阶级觉悟高，对共产主义怀有坚定的信念，对阶级敌人抱着刻骨仇恨，所以打起仗来勇猛顽强，有敌无我，在极端艰难困苦的条件下，也能不折不挠地跟着党和毛主席革命到底。经过长期的战争考验，许多至今健在的老战士已成为我党我军各个方面的工作骨干。

二

我们就是“少共国际师”，
“九三”在江西誓师出征去。
高举着少共国际光辉的旗帜，
坚决的果敢的武装上前线，
做一个英勇无敌的红色战斗员，
最后一滴血为着新中国。

（《少共国际师歌》）

“少共国际师”是 1933 年 9 月 3 日在博生县（宁都）正式誓师成立的。但是它的光荣旗帜，在这一年的“八一”建军节，就已经飘扬在中央革命根据地的上空了。那一天，红军总部在邻近北部战线的一个丛林环抱的广场上，举行了庄严的阅兵式。“少共国际师”作为一个新组建的部队，在没有正式颁发番号以前，被特准派出代表团，同战功卓著的老大哥部队——红一军团、红三军团、红五军团各部一起，接受了总部首长的检阅。会上，朱总司令代表中央军委向功勋彪炳的红军高、中级指挥员颁发奖章。毛主席、周副主席、朱总司令，以及彭德怀、贺龙、徐向前、董振堂等同志被授予一级红星章。获得二级、三级奖章的有八十多人。在雄壮的音乐声中，周副主席代表红军总部向各战斗部队授团队旗帜，并作了讲话。他在颁授“少共国际师”旗帜的时候，强调指出：“要爱护你们光荣的战斗的团旗，英勇奋斗，把

“少共国际师”成立及誓师大会旧址纪念碑（江西宁都）

它插遍全中国！”我们庄严地接过团旗，默默地宣誓：“少共国际师”决不辜负亲爱的党的期望，为了新中国，为了共产主义明天，我们将毫无保留地献出自己的青春和生命。今天，当我们满怀激情回首往事时，可以无愧地向年轻的朋友们宣告，“少共国际师”的战士们没有辜负周总理当年的嘱咐，他们当中的绝大多数人，为了建立新中国，在漫长的战争岁月中，洒尽了自己的最后一滴血。如今还活着的人们，也焕发青春，跟着党中央在新长征的道路上继续前进。

“少共国际师”所以选择9月3日正式成立，是因为这一天在当时被规定为国际青年节。誓师地点是在博生县的一个广场上。中央军委、团中央和江西省军区的代表出席了大会。“九三”誓师以后，部队就开赴广昌，进行军事政治训练。我师各级军事干部，有相当一部分是从红军学校和各军团选拔来的，具有较丰富的作战经验。但战士们都是从模范少先队——当时的武装基干民兵组织中输送来的，在地方上虽然程度不同地接受过军事训练，有一定的军事素养，但是还远远不能适应实际战争的需要。当时敌人的大规模军事进攻已经迫在眉睫，所以在集训中，我们把军事训练放在特别突出的位置上。开头，除了战士们自己随身带来的梭镖、长矛、大刀以外，很少有别的武器。我们就着重操练军事基本动作，上军事常识课，学习利用地形、地物，以及挖战壕等土工作业，还用梭镖当刺刀，练习刺杀。后来，三军团打下了福建的沙县，全歼敌人一个师，缴获了大批枪支弹药，“少共国际师”派一个团到前线去搬运武器，就这样把自己装备起来了。年轻的战士看到新缴获的武器，真高兴极了。个个爱不释手，精心地用布片擦得乌光漆亮。我们因势利导，在全师进行了爱护武器的教育，开展争取“军事训练模范营”的竞赛活动，掀起了大练兵、大比武的热潮。从清晨到傍晚，在操练场，在军营旁，军号声、武器撞击声不绝于耳，到处可以看到战士们龙腾虎跃的身影。许多战士连休息时间和假日都放弃了，用来练习射击、投弹和刺杀。训练结束时，举行了一次全师的比武大会，四十五团第二营荣获第一,四十四团三营名列第二，原来训练成绩比较差的四十三团几个连队，也迅速赶了上来。战士们的投弹距离，由开始的二三十米，很快提高到四五十米以上，一个班，三四个钟头就可以构筑成一个坚固的地堡，射击瞄准、刺杀动作的准确熟练程度也大大提高了。同志们高兴地说:“平时多流汗，战时少流血，练成硬功夫，消灭白狗子。”

我们的政治训练，着重是进行三大纪律八项注意和官兵一致、军民一致的教育，使每一个战士真正懂得人民军队的宗旨，明确为谁扛枪，为谁打仗，使我们这支年轻部队能够保持和发扬工农红军从她创建开始就具有的既是战斗队又是工作队的光荣传统，同人民群众始终保持血肉联系。当时正处在残酷的战争环境中，部队的生活是很艰苦的。经常缺油少盐，有时粮食匮乏，一天只能吃两餐稀饭，或者用南瓜、莲藕、番薯代替主粮，有时还得挖野菜，捡田螺充饥。我们队里有从井冈山来的老同志，就给大家讲井冈山斗争初创时期，毛委员、朱总司令和根据地军民同甘共苦的故事，使同志们受到极大的鼓舞和教育。到福建搬运武器，有时一天只能吃上一顿稀饭，行军途中，饥肠辘辘，大家唱起“红米饭，南瓜汤，餐餐吃得精打光”的革命歌谣，好像毛主席、朱总司令就在我们身边，顿时觉得饭香扑鼻，力从中来，走起路来也就格外精神了。三军团洋口一战，缴获了敌人大量辎重给养，“少共国际师”奉命搬运胜利物资。战士们除了携带自己的武器、被包，每人还得肩挑几十斤油、盐、粮食或布匹。我们师部的负责干部，无一例外地也挑着煤油桶或一挑盐担子行军。这对大家是很实际的教育，深切感受到红军的阶级本质，大大增强了做一个红军战士的光荣感和主人翁感。“少共国际师”是一支新部队，对群众纪律是抓得很紧的。战士入伍的第一课就是由指导员、连排班长手把手地教打草鞋。有的同志想不通，当兵吃粮，为什么还要自己打草鞋呢？干部们就用眼前的这双鞋，进行红军和白军两种军队的对比教育，告诉大家红军是人民的子弟兵，处处要考虑到人民的利益，不能加重人民的负担，而且在当时的条件下，行军打仗离不开一双铁脚板，会不会打草鞋，甚至会影响到作战的胜负啊。这样，通过一双小小的草鞋，使大家懂得了人民军队、人民战争和革命传统的大道理。广昌集训时，整个根据地正在深入开展查田查阶级运动。我们从指战员中，挑选了一批骨干分子，组成工作队、宣传队，到驻地附近的村庄帮助工作，既有力地支援了地方工作，满足了无地少地农民的土地要求，纯洁了地方政权和阶级队伍，也锻炼了部队的群众工作能力，密切了部队和人民群众的联系，受到了地方党和政府以及贫下中农的热情称赞。

“少共国际师”是一支由年轻人组成的部队，这就要求我们的政治工作具有鲜明的青年特点。从集训开始，我们部队的文化生活就是搞得很活跃的。从团部到连队，普遍建立了列宁室、俱乐部、体育队等组织，广泛开展了识字、读报、政治演说、打球、体操等活动。师政治部还成立了宣传队、演剧队，举办了文娱活动分子训练班，经常举行各种军体、文娱晚会，用以活跃部队生活，增强部队的战斗意志。1978 年，共青团江西省委的同志从历史档案中给我找到了一篇记录当年“火线上的青年晚会”的报道（载《青年实话》第二卷第二十四号），现在略作删削，刊录于下。通过这个文字粗疏的历史记载，青年朋友们可以窥见四十多年前我们部队生动活泼的战士生活的一个侧面：

五色缤纷的晚霞，照射着绿草如茵的会场。习习的晚风，从摆动着的森林中阵阵吹来。达达的脚步声，嚓嚓的刺刀声，雄壮的歌声，谱成一曲动听的交响乐。从远处的树林中蜿蜒涌出的队伍，整列的集中到会场，接着又散开来。打球的呀，做游戏的呀，战士们愉快地进行自由活动。

一声号音，主席宣布：“青年晚会开始了！”满场眼睛，一齐注视着主席台上。

第一个节目是防毒比赛。“嘀嘀嘀打，嘀嘀嘀……”，象征性的毒瓦斯放出来了，参加比赛的战士们立即抽出毛巾捂住鼻子和嘴巴，有的纵身爬上树枝，有的迅速往高坡上奔跑，有的用帽子堵住鼻子，卧倒在地下。呀，有几个同志中“毒”了！原来他们违反防毒常识，慌张地站到了顺风而且低洼的地方。一阵清脆的哨音，刺杀比赛开始了。“前进……一、二，后退……一、二，向左刺，杀！……向右刺，杀！”晶亮的刺刀，森寒的剑影，勇猛的动作，任何敌人都将在无敌的战士面前闻风丧胆！

第三个节目，是田径赛和球赛。跳高的、跳远的、打乒乓球的，每一个竞赛场地，都围着一圈圈的人墙。人们用极大的兴趣注视着精彩的表演，用高声的呐喊为自己的战友助威。

又是一阵号声，队伍重新集结。我们的政治鼓动家们登台了。他们讲演的题目，有的是“反对国民党出卖华北”，有的是“目前形势和我们的任务”，有的是“青年团的性质和任务是什么”。政治部的小同志到底训练有素，他们的讲演既有比较扎实的思想内容，而且富有强烈的鼓动力量。

太阳收尽了它的余晖，唱歌比赛开始了。“帝国主义国民党，他是工农死对头，……杀！……杀！”曲调威武雄壮，歌喉高亢激昂。每一首歌都是射向敌人的子弹，每一首歌都是鼓舞革命战士斗志的鼓点。

天色完全暗下来了，满场灯火大放光明。主席宣布游艺比赛开始，第一幕是政治部演出的独幕剧“少共国际师”，真人真事搬上舞台，使人倍感亲切。第二幕是司令部的活报剧“国民党出卖华北”。接着是各个部队的小剧、舞蹈、山歌，每一个节目都博得了热烈的掌声和欢呼声。

月亮偏西了，一队队的红色战士，披着满身银辉，迈着雄健整齐的步伐，向着各自的宿营地走去。明天，新的战斗任务又在等待着他们……

三

广昌集训刚告结束，蒋介石的第五次反革命“围剿”布置就绪，开始了对我中央革命根据地大规模的军事进攻。“少共国际师”奉命配合三军团和五军团，在东方战线投入战斗，抗击敌人。我们打的第一仗，是在闽北的拿

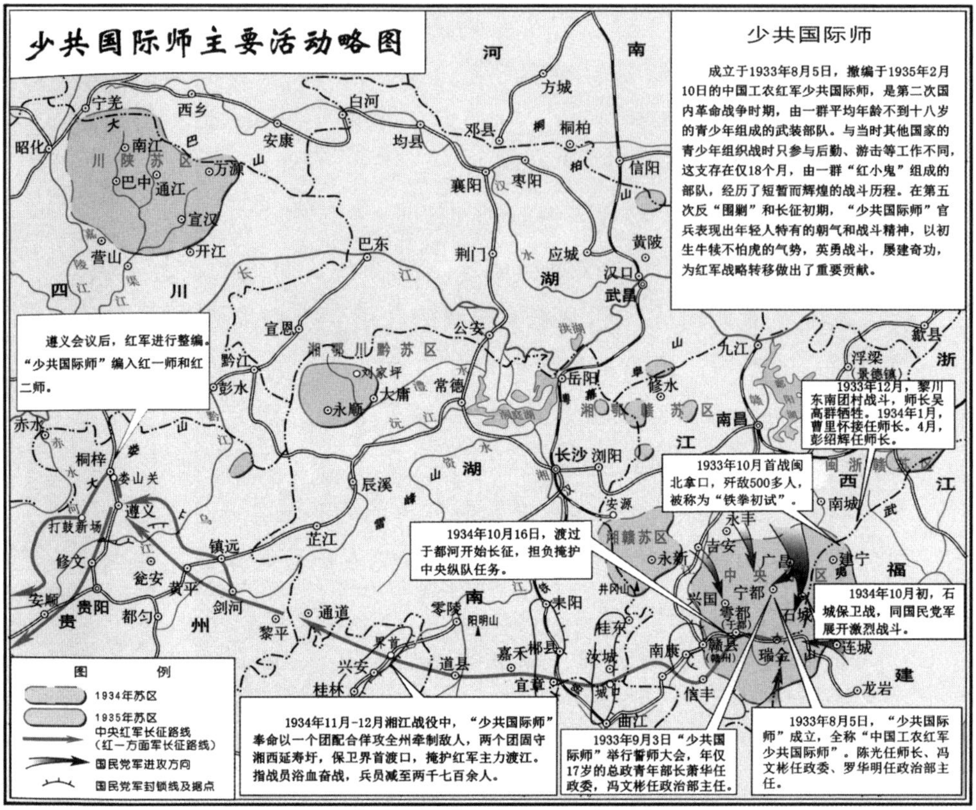

中国工农红军“少共国际师”主要活动略图

口与白军周志群部的遭遇战。战斗规模不大，但打得很激烈。发现敌情后，我们立即分兵迂回，扎成一个口袋，将敌人团团围住。枪声一响，战士们一个个像猛虎下山岗，冲入敌阵，同敌人刺刀见红，展开肉搏战。直杀得敌人纷纷倒下，狼狈逃窜，逃不了的赶紧跪地求饶。我师以一个营的兵力，不到两个钟头，干净利索地全歼匪军一个连，扫清了增援东方前线的邵武要道。随即挥师渡过闽江，又击溃闽匪二百多人，还在莲花山歼敌一个排哨，前后共消灭敌人三百多，缴获了不少枪支弹药。初次遇敌，就打了这么一个漂亮仗，士气更加高昂。第一方面军总指挥朱德同志、总政治委员周恩来同志和政治部主任杨尚昆同志，特地打电报给我们，称誉“少共国际师”的这次战斗为“铁拳初试”，勉励我们在胜利中，更要百倍提高军事技术，迎接更加艰巨的战斗，争取更大的光荣。当我们将这封电报向全师传达时，整个部队一片欢腾。决心书、请战书像雪片似的向师、团领导递交上来。大家决心以血和火的战斗，回答总部首长的嘉奖，让“少共国际师”的旗帜更加鲜艳夺目。

在第五次“围剿”中，国民党军队改变过去的作战方法，采取碉堡政策，以在数量和装备上占绝对优势的兵力，依靠坚固的碉堡、工事，加上飞机、大炮，稳扎稳打，步步为营，从四面八方向我进攻。红军当时在王明“左”倾机会主义路线的影响下，实行单纯防御，以堡垒对堡垒，和敌人拼消耗，处于被动挨打的地位。战争打得很艰苦，但部队的斗志仍然很旺盛，充满着有我无敌、一往无前的革命英雄主义精神。1934 年春天，北路蒋军以三个师的兵力向建宁推进。“少共国际师”配合五军团十三师在黎川附近的将军殿一带扼守隘口。敌人的步兵，在飞机大炮的密切配合下，向我阵地作集团推进。面对优势敌人，我军奋起反抗。敌人每前进一步，都遭到我们顽强的打击，好几天也挪动不了几公里。邱家隘一役，敌人以七倍于我的兵力，向我师警备连和兄弟部队三营的阵地冲锋。阵地上，炮火纷飞，子弹呼啸，山头上的树木着了火，泥土被翻了过来。敌机疯狂俯冲扫射，整个大地都好像摇晃起来。但我们的战士沉着应战，敌机来了，我们钻进了掩体，敌机走了，我们又上了阵地。敌人不到射程之内，坚决不开枪，而一当敌人扑近了，就瞄准射击，把一颗颗喷着仇恨火焰的子弹射向敌人，把一束束麻尾手榴弹扔向敌群，把一堆堆石头猛砸白匪军。敌人的一次次冲锋，都被英雄的战士打垮了，上千具死尸像烂木头似的堆满在山前，污血把山上的黄土染成了红色，可是我们的阵地却巍然屹立。邱家隘，成了一座打不垮、攻不下的钢铁堡垒，有力地牵制了敌人的兵力，接应了兄弟部队的侧翼进攻，迫使进占将军殿的敌十一师、七十九师，星夜溃逃，给了进犯建宁之敌以沉重一击。

1934 年 4 月的团村战役，是我永远不能忘怀的一次战斗。当时，五军团十三师在德胜关抗击着从北面进犯的敌人，三军团的主力从敌人的右翼，“少共国际师”和三师一部从敌人的左侧，形成左右两个拳头，向敌人钳击。在兵力上，敌人比我们多好几倍，武器比我们精良，还有飞机大炮助战，气焰是非常嚣张的。战斗从早晨七八点钟打响，双方争夺十分激烈。开始，敌人借助优势的炮火，轮番向我阵地组织集团冲锋。战场上烟尘滚滚，土崩石飞。我们的年轻战士，这时已是经过沙场考验的“老兵”了，他们同仇敌忾，互相鼓励说：“人在阵地在，决不让白匪军从我们身边前进一步。”在猛烈的炮火袭击下，有一个汀州籍的战士，腹部受伤，血流如注，肠子都迸了出来，他忍住剧痛，硬是用手将肠子塞了回去，继续反击敌人。有的战士头部重创，从昏迷中醒过来，立即拿起武器，跳将起来狠揍敌人。在我军的顽强回击下，敌人抱头鼠窜，狼狈溃逃。英勇的“少共国际师”的战士们，端起刺刀，跃出战壕，乘胜追击敌人。霎时间杀声震天，红旗飞舞，我军像潮水般向敌军阵地涌去。各级指挥员更是身先士卒，奋勇冲刺。我们的师长吴高群同志也冒着敌人密集的火网，深入前沿指挥。往往是哪里最危险，他就出现在哪里；哪里打得最艰苦，他就往哪里冲。有一次，他在炮弹不断爆炸的山坡上往前沿阵地奔跑，警卫员把他按倒在地，一声巨响过后，他抖抖身上的泥土，又往前奔去。警卫员批评他太不注意安全了，他抹抹脸上混合着污泥的汗水，冲着警卫员说：“我又不是个泥菩萨，一打就散架，你以为我想死啦！我还想一直活到社会主义、共产主义哩！”我们的吴高群同志，就是这么一个充满理想、勇敢机智、性格粗犷的人。这一天，经过多次反复冲杀，我们将敌人三个主力师全部打垮，歼灭敌军一部，缴获了不少的胜利品。但敌人依仗黎川城的险要地形，构筑了多层集团工事，并在城外挖有水壕，设置暗堡，敷设地雷和铁丝网，作为外围屏障。我们当时还缺乏攻坚火力，敌人一缩回乌龟壳，我们就有点无能为力了。当战斗将结束时，夕阳已落到山沿，恼羞成怒的敌人又派出飞机向我军阵地轰击。敌机围绕在我们师部指挥所的山头上反复俯冲轰炸、扫射。它们是那样的猖狂，俯冲下来时，机翼擦着树梢，把地下的沙子都扇起来了。炸弹在空中、地上爆炸，撕扯着空气，发出怪啸声，尘土、石头、弹片四处飞溅，天空升起一团团黑烟。当时，我和吴高群同志正在一棵大树的两侧观察敌人的动静，一颗重型炸弹在我们的附近炸开了。一阵烟雾过去，我看到吴高群同志倒在地上，赶紧跳了过去，把他抱在怀里，只见他头部和腰部有七八处挂了重花，鲜血像泉水般涌了出来。我命令警卫员立即去叫担架，但他坚持不肯下火线。当我们把他抬到绑带所时，已经无法救治了。他那钢铁一般的手紧紧地握着我的手，使尽最后的气力，断断续续地说：“亲爱的战友，我大概不行了，共产主义事业要靠同志们完成，请同志们为我们‘少共国际师’争光！为我报仇！”这位跟随毛主席坚持井冈山斗争的山鹰一样勇敢的青年指挥员，说完了最后这句话，就闭上了他那坚毅的眼睛，和我们永别了。但是他的英勇榜样，却永远活在我们的心里。吴高群同志和其他战友的壮烈牺牲，在全师激起了更加昂奋的歼灭敌人的热潮。7 月 21 日在大寨脑战斗中，敌人集中了六个团的兵力向我师前沿阵地猛扑，火力比团村战役更加猛烈。我们的战士高喊着“为吴师长报仇”“为牺牲的战友报仇”“为了新中国，冲啊！”等口号，固守阵地，反复冲杀，挫败了敌人。以后在十几次防御作战中，“少共国际师”也都打得勇猛顽强，和其他红军老大哥部队一样发扬了良好的战斗作风。解放以后，我回江西，重访了红军时代同敌人鏖战的故地，缅怀革命先烈，写下了悼念吴高群同志的一首诗：

青年雄师战团村，
出奇制胜创敌军。
恼羞成怒蒋飞贼，
夺我战友吴高群。
智勇双全好战将，
赤胆忠心为革命。
壮烈青春献大业，
英雄形象高山鹰。

从 1934 年初秋驿前战役开始，“少共国际师”配属三军团指挥，整整打了一个多月的仗。其中以 8 月 31 日的战斗最为激烈。敌军前线总指挥陈诚以最精锐的五个师和国民党中央炮兵旅的兵力，向我军西华峰一带阵地猛攻，经过友军和我师反复的出击，给了敌人以极大的杀伤。那时部队一边作战，一边还得修碉堡、挖工事。风里来，雨里去，没有人叫苦。部队生疥疮和发疟疾的很多，但没有药品，卫生员们便向当地土郎中请教，用硫黄拌和适量的石灰水，煮沸后给生疥疮的病员擦洗，很快就治好了；没有菜吃，干部和战士大家动手，晚上点起火把到水田里抓泥鳅、拾螺蛳，白天就在阵地上挖笋子、找野菜。在长期作战的阵地生活里，吃不到热饭，有时整天吃的是炒米加冷水。连彭德怀军团长也不例外，和我们一样喝生水，吃炒米，甘苦与共。那时盐巴和食油很缺乏，几个月不知肉味，部队因过度疲劳及营养太坏，体力大大下降。但大家想到的是，我们眼前受苦受难是为了革命，为了建立一个光明灿烂的新中国，让全中国老百姓都过上富裕幸福的新生活，所以大家以苦为荣，以苦为乐，自上而下都互相爱护，互相照顾，互相鼓励。特别值得提到的是根据地人民群众和各县共青团、少先队、儿童团对子弟兵的热情爱护和帮助，那是我们永远也忘怀不了的。第五次反“围剿”开始以后，根据地人民承受了巨大的牺牲，生活是极端困苦的。但他们宁肯自己吃苦，也不忍心让子弟兵挨饿，把刚成熟的稻谷，边割边打边碾成米，自己不吃，先送给红军。我们没有草鞋穿了，他们及时送来了草鞋，没有黄烟抽了，又很快送来烟叶。有的大娘、大嫂，还把自己仅有的被单撕成碎片，打成布草鞋送给战士，叮咛我们牢记百姓一片心，狠狠打击白匪军。地方党和人民群众，还经常冒着敌机轰炸和炮火袭击的危险，派人上前沿来慰问我们，给了我们以极大的鼓舞，成为我们克服困难、抗击敌人的无比强大的精神力量。

土地革命时期，我们是没有兵工厂的。缺乏弹药补充，是所有困难中最大的一项困难。团村战役后，每人十发翻造子弹早已打光了，从敌人手上缴获的弹药也消耗很大，剩下的一两颗土造麻尾手榴弹都被看成是宝贝。但是，你如果到连队去检查，每个战士胸前的子弹袋都是鼓绷绷的。原来这是同志们为了迷惑敌人，用竹子、木头雕刻成子弹模型塞满的。当时，打的是堡垒战。敌人的“乌龟壳”是用钢筋水泥构筑的，而我们的碉堡则是依山挖坑，上面覆盖三四层粗大的松木和厚实的泥土，碉堡前围挖了深深的外壕，堑壕外边又敷设了竹尖桩、鹿砦等副防御。说到竹尖桩，倒是很值得大书一笔的。这是井冈山保卫战中，我根据地军民的一种创造。彭德怀军团长又把它推广应用到了广昌保卫战中来了。它的方法就是就地取材，从山上砍来许多竹子，削成一根根二三寸长的竹钉，放在锅里炒干，钉在木板上，然后把这些钉板铺在外壕的前面，上面再撒上泥土，铺盖杂草。在战斗中，常常会出现这样的情况，敌人开始是大模大样，嚎叫着往前冲，而当迫近我前沿时，就会一个个踮着脚蹦跳起来，尖声惨叫，再加上从头上飞过来的巨石和木段，队列顿时混乱不堪，你挤我轧，左奔右突，一批人踩着另一批人的身子碰碰撞撞地滚跌下去。嚣张的冲杀声变成了凄厉的哭喊声，就好像冲上海滩的浊浪，虽然来势凶猛，却终于栽倒在巉崖峭石前面了。西华峰战斗，我们就是依靠战士的智慧和勇敢，凭借着这样的土装备击退敌人一次又一次凶猛进攻的。在广昌保卫战的那些日子里，无论在作战或修筑工事的时候，敌人的飞机和大炮总是整天的来捣乱。9 月 1 日，彭德怀同志正召集我和彭绍辉同志去研究敌情接受任务，敌人的飞机在军团指挥所的阵地上丢了几个重磅炸弹，炸开了几个五六公尺宽的深坑。我们劝彭总隐蔽一下，他摆了摆手，笑着对我们说：“你们看，蒋介石知道我们挖工事太辛苦，特地派飞机来帮忙。这一个个炸弹坑，稍作修理，不就是很好的掩体么？看来，我们真应该给‘蒋委员长’颁发几枚奖章哩！”说得在场的同志都哈哈笑了起来。

敌人依仗着强大的兵力和火力，步步向我们逼进，从四面八方缩小对我军的包围圈，但我们仍然积极机智地对付它。敌人有时缩在乌龟壳里几天不露头，我们便想办法把它引逗到我们的阵地前沿歼灭之。我们的侦察员更是经常神出鬼没地潜入敌人的后方，侦察敌情，捕捉俘虏。一次，我师的一名侦察连长化装成敌人的副官，混到敌人驻地附近，正碰上敌军的一个司务长和两个采买人员在捉老百姓的鸡。这个侦察连长摆出敌人长官的架子，大声喝道：“住手！你们是哪一部分的？为什么跑到前沿来捉鸡吃？”把这三个家伙训斥了一顿后，就命令他们“跟着我走！”当他把这三个人带进我军警戒线的时候，突然回过头来，掏出手枪，把帽子一摔，虎气逼人地喊道：“你看看我是什么人，老子是红军！”这三个呆头呆脑的家伙直吓得目瞪口呆，乖乖地举起双手，被活捉了。像这类机智歼敌的例子，是举不胜举的。但是，部队的英勇作战，并没有能够挽救我们在反五次“围剿”中单纯防御路线的失败。1934 年 10 月初，我们“少共国际师”承担着掩护军团主力转移的任务，展开了石城保卫战。这是整个中央红军战略转移的开始。这一仗打得很壮烈，损失也很大。连续战斗的伤亡，原一万多人的“少共国际师”到这时只剩下五千来人了。这时，根据地各县党和共青团，又陆续地向“少共国际师”输送了两千多名新战士。经过频繁的艰苦战斗，在革命战争的烈火中，我们这支年轻的队伍，为了共产主义和新中国的理想，锻炼得更加坚强了。

四

红旗飘，军号响。
子弟兵，别故乡。
红军主力上征途，
战略转移去远方。
男女老少来相送，
热泪沾衣叙情长。
紧紧握住红军的手，
亲人何时返故乡。

乌云遮天难持久，
红日永远放光芒。
革命一定要胜利，
敌人终将被埋葬。

（《长征组歌·告别》）

在一系列的转移作战中，我们逐步地告别了熟识的山水草木，告别了根据地里亲爱的父老兄弟姐妹们。战斗的现实使我们越来越清楚地看到，王明“左”倾机会主义[①]排斥毛主席在全军的领导地位，已经给红军和根据地人民带来灾难性的后果。为了保存红军，挽救革命，深入到敌人的远后方去消灭敌人，看来我们已经不得不离开中央革命根据地、离开我们用鲜血培育过的自由的乐园了！过去，我们每次出征都唱着：“我们是红色的战士，为了保卫根据地，拼！直到最后一个人。”谁曾想过有一天要离开我们可爱的革命故乡呢？但是，现实是这样的无情。“左”倾机会主义路线已经把我们党和我国革命推到了毁灭的边缘！不过，“乌云遮天难持久，红日永远放光芒。”任何挫折也摧毁不了红色战士对共产主义的坚定理想，即使在最困难的日子里，大家仍然坚信，蒋介石是一定会被打倒的，新中国是一定会出现在亚洲的地平线上的，我们总有一天会打回来的。我们坚决地执行了上级的命令，从内线转向外线作战，许多战士默默地向家乡告别，路过家门也不入，决心永远跟着共产党走，把自己壮丽的青春全部献给人民的解放事业。

10 月 16 日的夜晚，我们怀着沉重的心情渡过于都河，最后离开了中央根据地，开始了长征。那时候，我师改归一军团建制，担负掩护军委机关纵队的任务。前面队伍很多，携带着大批骡马、辎重，行走在山中的羊肠小道上，因此行动缓慢。后边敌人又紧紧地尾追着我们，所以我们“少共国际师”一直处于紧张的戒备状态。但是，打仗也罢，行军也罢，年轻的战士们总是快活得很。情况稍一缓和，“哎呀嘞”的兴国山歌声，“英勇上前线”的进行曲就在长长的队列中荡漾开来。空谷回音，此起彼和，威武雄壮，实在热闹。我们这支队伍确实像一趟逶迤不断的文化列车，即使在长征初期那样艰难困苦的条件下，也充满着青春的活力和战斗的欢乐。经过敌人统治区

① 王明“左”倾机会主义指以王明为代表的“左”倾教条主义。

时，居民们开始对我们还有点回避，听到歌声，又看到红军不损坏他们的一草一木，就觉得这支队伍很有点奇怪，而且可爱了。不少青年就跟着我们看，混熟了以后，有些人就自觉自愿地跟我们一起走了。为着避免敌机的侦察和轰炸，我们都是夜间行军。在漆黑的夜里，走高低不平的陌生的山路是十分困难的，我们想了许多办法，在没有敌情顾虑的地方，每个人都准备了松枝或干竹竿，点起万千火炬，照亮着行进道路。在浓墨涂抹的夜幕上，蜿蜒着一条条红色的火龙，磷光闪闪，曲曲弯弯，连续不断，煞是壮观。在有敌情顾虑的时候，我们每个人就拄上一根拐杖，帮助探路，背包上都放上一条白毛巾，作为联络记号，再加上从前面不断传过来的"跟上""不要掉队"的口令，道路虽然难走，但也很少落伍掉队的。有时因情况十分紧张或发生了战斗，便化整为零，分路前进到指定地点集合。正是依靠着战士们高度的政治觉悟和组织纪律性，不管情况千变万化，我们的队伍始终是打不垮拖不烂的。

夜行军最值得人回味的是睡眠。江南晚秋天气，不冷不热，最适宜于旅人夜营。大部队的前面稍微有一点障碍，或者传来一声休息，整个队伍顿时就不动了，大家把身体斜靠在路旁，很快就入睡了。这时，整个山川好像也睡熟了，除了打鼾的声音和秋虫的鸣叫以外，万籁一片寂静，似乎世界上什么也不存在了。但是，寂静中偶尔也会响起几声口令，暗夜里时或闪过几柱火光。这是干部们在查哨，他们前后巡逻，为睡熟的战友放哨警戒。路旁的小憩，毕竟是短暂的。前面大队一动，棍子敲棍子，大家爬起来，擦擦眼睛又走了！那时，有的战士开玩笑说："等到革命胜利了，我第一件事就是一觉睡它十天十夜！"在十分疲困的战斗生活中，能打上一个盹，睡上一会觉，确是一件快事啊！

长征路上，敌情是随时都可能发生的，不是碰到敌人的截击部队，就是敌人追击的部队赶了上来。我们的队伍人人都"弓上弦，刀出鞘"，几乎天天要和敌人打仗。从江西出发到贵州，我们冲过了敌人的四道封锁线。在这些封锁线上，碉堡林立，敌人用钢骨水泥筑起了防御工事，还埋伏了层层的伏击部队，形成密密的包围圈，构成了绵密的火力网。但是，千难万险磨灭不了红军的战斗意志，敌人的万马千军又怎样阻挡住红军前进的步伐呢？我军以迅雷不及掩耳之势迅速通过了赣江，占领城口，接连冲过了敌军设置在赣南、粤北之间的第一、第二道封锁线，11 月 13 日我军先头部队攻占宜章城以后，我们又掩护军委机关纵队以强行军、急行军一举通过了第三道封锁线。这样一来，更加引起了敌人的严重注意，在湘桂道上的崇山峻岭间，蒋介石从广东、广西、湖南抽调的几个纵队已经赶到，对我们前阻后截，打算趁我们渡湘江之际，在全州、灌阳、兴安之间的狭窄地带一举消灭我主力红军。激烈的大战看来是不可避免的了，这对于我们担任后卫的部队更是严重的考验。

湘西的11月，阴雨连绵，河水骤涨，湘江上游的水面虽然不宽，但水深过顶，不能徒涉。从界首通往贵州的渡口又只有两个浮桥，困难确实很大。为了掩护军委机关纵队和其他主力部队渡过湘江，我们开始在湘西延寿圩一带抗击湘敌四个团的追击，接连打了几天仗，等大部队过去以后，敌人的追击部队也已经逼近了，而且集结在全州和桂林两地的敌人，不顾死活地沿着湘江西岸向我们逼近，企图强占湘江的渡口截断我军。当时的情况是十分紧急的。我师为了执行军团下达的阻击敌人，掩护主力渡过湘江，通过全州、桂林公路第四道封锁的任务，曾经派出一个团直扑全州城东南的鲁塘圩，配合已渡河的红五团以佯攻牵制全州敌人，另以两个团和尾追的敌人死打硬拼，保卫湘江界首地段渡口。在掩护作战中，敌人的飞机十分猖獗，这些鬼东西，反复地向我们部队轰炸和俯冲扫射，有时飞得很低，连飞机上的驾驶员也能看得清楚；但是战士们并不怕它，大家知道，只要打垮了地面上的敌人，几架飞机是挡不住我们前进的。好些天，战士们都打红了眼，饭也吃不下，水也喝不进，一个个浑身是土，脸上漆黑，有些战士衣服上沾满泥土和血迹。在浓密的炮火轰击下，他们圆睁双眼，蹲在简单的掩体里，用刺刀和手榴弹等待敌人。放眼看去，真像一座座铁塔屹立在那里，使人产生一种坚定、沉着、自豪的感觉。从早上直到黄昏，敌人除了用炮轰以外，并不敢靠近我们。12月1日下午，全州、桂林两路的敌人沿湘桂公路向我军渡河地段继续猛攻，到天色快昏黑的时候，相距我们的渡口不过三公里了，子弹都已落在渡口的浮桥上面。这时情况万分紧张，搞得不好我师就有被敌人切断的危险。我们赶快收缩兵力，跑步渡河。当我们率师的主力从咸水圩渡河以后，忽然发现一个团没有过来，而敌人却快逼近渡口了。这真把我们急坏了，但根据军团命令，又不容许我们回过头去接应这支部队。而当我们翻越了上下几十里的大山，到达油榨坪集结的时候，他们却又神奇地出现在我们面前。原来，这个团在被敌人切断失掉联络后，独立地作出判断，从敌人的层层包围中杀开一条血路，奋勇抢渡了湘江，甩开了敌人的尾追，并在当晚以强行军赶上了师主力。看到他们，真使人喜出望外。从这件事，也可以看出我们这支年轻的部队，经过战争的摔打，已经锻炼得相当坚强了。

冲破了敌人第四道封锁线，进入黔桂地区之后，虽然也不断地打了些小仗，但我们已把大股的敌人甩在后边。我军翻过险峻的越城岭，过了通道城，便分成二路前进。一路以四十三团为右翼，于12月25日攻占湘桂公路上的镇远城，歼灭了敌人一个营，担任对湖南方向敌人的警戒。我师的主力为左翼，经过苗岭向北继续挺进。苗岭位于崇山峻岭间，是苗、侗、瑶等少数民族居住的地区，这些兄弟民族由于长期受国民党大汉族主义的压迫，一看到汉人军队就有反感。一路上只见山峰入云，道路崎岖，山谷中树木葱茏，野草丛生，地面上淤积着腐烂的叶子，厚达数寸，显得非常偏僻、荒凉。路过的一些苗寨，连个人影也见不到，使我们的给养遇到很大困难。但我们认真地执行了党的民族政策，切实遵守了“三大纪律八项注意”，苗民不在家，我们照样给他们挑水、扫地，严格地保护和照看他们的房屋和财产、家具。有时在不得已的情况下，吃了苗民的粮食，烧了他们的柴禾，就把银元留在他们的米缸里或吊在他们的屋梁上。过了四五天，苗民看到红军和国民党军队不一样，就陆续地回来了。经过深入细致的宣传工作和实际行动的影响，苗胞们和我们亲近起来了，主动当向导，抬担架，照顾留下来的重伤、病号和掉队人员。当我们离开苗区的时候，有的还跟着我们一起走，参加了红军。在我们“少共国际师”的队列里，又增加了一批苗族战士。

五

我军连续突破蒋介石设置的四道封锁线以后，于1934年底到达贵州东南部的黎平、剑河、台拱、镇远地区。

在1935年旧历新年前夕，我军先头部队渡过乌江天险，以战斗的胜利迎来了新春佳节。大年初一，我们“少共国际师”和红一师在乌江边上的余庆城胜利会师。按照在中央根据地时期的惯例，红军的各个部队都举行了聚餐会和联欢晚会。一师政委黄苏同志是广东人，参加过叶剑英、聂荣臻等同志领导的广州暴动，性格豪爽、热情、好客。他不知从哪里弄到了一只小狗，亲自动手烹烧广东风味的狗肉来招待我们。过去我是不吃狗肉的，但长征途中的这一次狗肉筵席，其滋味之鲜而香，使我至今都难以忘记。这次聚餐，既充满着战斗空隙的胜利喜悦，又交织着对中央革命根据地深切怀念的炽热感情啊！

进入黔北以后，我师经遵义、桐梓到达了松坎，担任向四川方向的警戒。这时，党中央在遵义召开了具有历史意义的政治局扩大会议。会上，集中批判了王明路线在军事上单纯防御的错误，结束了王明“左”倾机会主义路线在党中央的统治，重新肯定了毛主席为我军制定的正确军事路线，确立了毛泽东同志在党和军队的领导地位，实现了中国革命史上的一次伟大转折。[①] 遵义会议之后不久，周恩来副主席叫人把我找了去，告诉了我遵义会议的情况。我当时的兴奋心情是难以用言语表达的。从第五次反“围剿”以来，我们从自己的实践中，就对王明路线产生了怀疑和不满，“全军想念毛主席”，确实如同“迷雾途中盼太阳”。现在这一天终于盼到了，党得救了，红军得救了，怎能不使人欣喜若狂呢？我在《长征组歌》中写道：

苗岭秀，溪水清。
百鸟啼，报新春。
乌江天险挡不住，
娄山刀坝歼敌兵。
遵义会议放光辉，
全党全军齐欢庆。
万众欢呼毛主席，
工农踊跃当红军。
英明领袖还掌舵，
革命磅礴向前进。

这实际上还不能表达我们全军指战员心情于万一。周副主席接着告诉

---

① 遵义会议集中全力解决当时具有决定意义的军事和组织问题。张闻天、毛泽东、王稼祥尖锐地批评了博古、李德在第五次反“围剿”中实行单纯防御、在战略转移中实行逃跑主义的错误。遵义会议是党的历史上一个生死攸关的转折点，事实上确立了毛泽东同志在党中央和红军的领导地位，开始确立以毛泽东同志为主要代表的马克思主义正确路线在党中央的领导地位，开始形成以毛泽东同志为核心的第一代中央领导集体，开启了党独立自主解决中国革命实际问题新阶段，在最危急关头挽救了党、挽救了红军、挽救了中国革命。并且在这以后使党能够战胜张国焘的分裂主义，胜利完成长征，打开中国革命新局面。

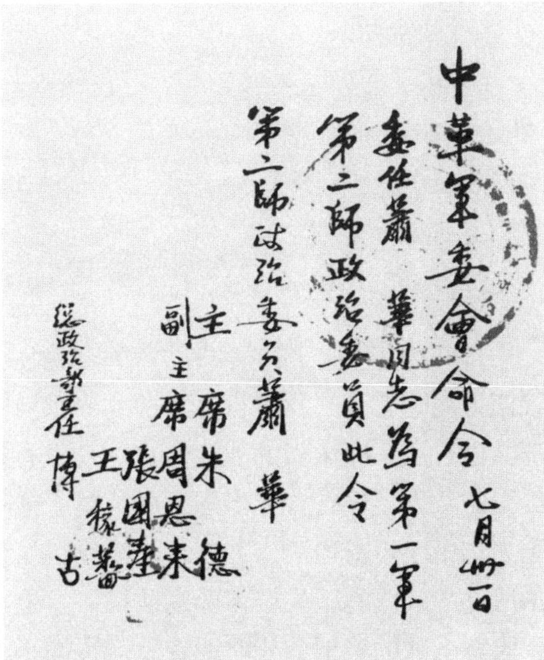

中華軍委會命令 七月卅一日

委任蕭華同志為第一軍第二師政治委員此令

第二師政治委員蕭華

主席朱德

副主席周恩來 張國燾 王稼祥

總政治部主任博古

1935 年 7 月 31 日，萧华任红一军团红二师政委。

我，为了提高部队的战斗力，使部队更加精干，便于作战指挥，军委决定对全军进行整编。“少共国际师”和红一军团主力合并，继续执行北上抗日的任务。周副主席亲切地询问我们，对这个决定有什么意见。我们认为军委决定是完全正确的，表示坚决拥护。周副主席在谈话中，充分肯定了“少共国际师”一年半来的战斗业绩，指出，它作为红军中最年轻的一支部队，经过同敌人反复较量，经过残酷的战争考验，广大指战员已锻炼成为我军的一批骨干力量。中央军委对“少共国际师”的工作是满意的。“少共国际师”从此胜利地结束了它的光荣战斗历程。它的光辉的名字和它的革命的战斗传统，在中国青年运动史上留下了不可磨灭的一页。我们相信，在新的长征路上，“少共国际师”所代表的中国青年的光荣战斗传统，必将为亿万青年所继承和发扬，从而放射出更加绚丽的光彩！

20 世纪 50 年代初的萧华。

1957 年初春追记于首都

1979 年春于兰州第二次补充修改

南渡乌江

1935年春天，红军第一方面军的意图是经黔北入川，从宜宾过长江，与红四方面军会合。我军行至黔西北赤水河畔的土城，与堵截我军的四川军阀部队进行了一次激烈的战斗。这一仗没有打好，部队伤亡较大，而当头堵截红军的敌人还保持着相当强大的力量。他们地形熟悉，以逸待劳，调集大批兵力集中于川黔边境，并在长江沿岸构筑了严密的封锁线。红军的背后，薛岳所部的周浑元、吴奇伟两纵队又一直追来，使红军在乌江与赤水河之间陷于腹背受敌的境地。战略回旋地区也缩小了。当时要按原定方针突破川军的堵击入川是很困难的。但是红军北上抗日的目标是坚定不移的。

遵义会议之后，在毛泽东同志领导下，党中央改变了过去在军事战略上的错误路线，摆脱了被动状态，采取了主动、灵活的战略方针，以便保存自己，打击敌人，完成长征的任务。

完全出于敌人意料之外，红军占领威信之后，又立即挥戈东向，二渡赤水，再占桐梓、娄山关和遵义城，歼灭敌人三个多师。3月间，红军又三渡

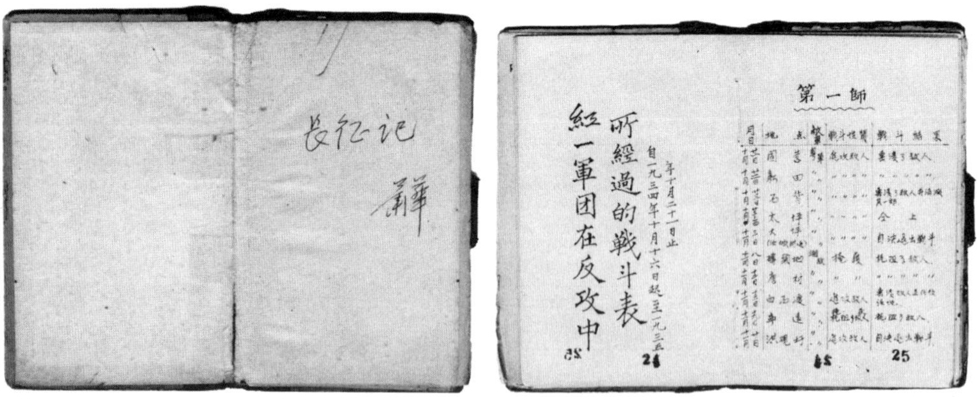

萧华长征日记：1934年10月16日至1935年10月21日，红一军团在反攻中的战斗情况统计表。

赤水河，再入川南。蒋介石匪帮以为红军又要北上，赶忙调集大军堵截。又在云、贵、川边境大修碉堡工事，构筑封锁线。不料红军却又突然折回贵州，在茅台附近四渡赤水河，把敌人全都抛得远远的。

为了以大规模的游击运动战调动敌人，使红军主力选择更为有利的路线继续北上入川，我军于 1935 年的 3 月底，以突然的行动回头向南，再渡乌江。

南渡乌江的先遣部队是由一军团一师三团担任的。先遣部队的任务是选择敌人江防薄弱处实行强渡。强渡之后，再肃清其他渡口的敌人，支援主力过江。当时我奉命随三团先头部队行动。

部队经过一个夜晚的急行军，袭占了离江边六七十里的鸭溪镇。在军阀王家烈和反动政府压榨下的老百姓，听说红军到来，当晚就开店迎接红军，街面顿时热闹起来。可是，因为一个月来，敌人在乌江南岸封锁消息，断绝行人来往，我们对江边敌人的情况还是弄不清楚。部队在鸭溪稍事休息，次日下午一时又由鸭溪出发，飞快地向着江边前进。又经过一个下午和一个夜晚的行军，在 3 月 31 日到达乌江边。

乌江北岸的大山高约 1500 公尺。部队在靠近江边的山背后隐蔽下来，封锁了消息。然后，一面派人侦察敌人江防的情况，一面做渡江的准备。军团工兵连配属三团执行先遣任务。在那些阴雨连绵的日子里行军作战，工兵是最辛苦的了。他们逢山开路，遇水架桥。在经过长途跋涉到乌江边之后，别人还可以利用战斗前的间隙稍微休息一下，而工兵同志却连吃饭睡觉也顾不上，立即开始了战斗。他们紧张地砍伐竹子，结扎竹排。

战斗之前，乌江岸上是惊人的沉静。天空中阴云密布。

团营指挥员以及突击队的干部到江边实地观察了地形。乌江对岸是笔直的峭壁悬崖，江水轰鸣着滚滚东去。江面并不很宽，然而水流湍急，礁石层出，石壁下汇成险恶的漩涡。人和船只如果陷进漩涡里，就会立刻被它吞没。经过侦察，得知对面渡口的守敌系薛岳所部九十一师的一营人，他们是在一个月以前来到的，构筑了坚固的堡垒，把可供渡江的船只和可以登陆的道路全部破坏和封锁了。

经过向群众调查和仔细观察，我们发现对岸石壁上有一条像锁链似的从悬崖上挂下来的羊肠小道。据当地群众说这是渔民下江时常走的小道，从底下爬上去，约在 50 公尺高的地方，是用两根树木架成的一座悬桥，桥头上是一个石洞，据说敌人大约有一班人，据险扼守着这道向山顶的唯一孔道。这地形实在太险要了。看来只要守桥的敌人有手榴弹和石头，我们就很难攻上去。要是他们再把那两根搭成悬桥的木头抽掉，我军便休想通过。

原来打算趁敌人尚未发觉，采取突然袭击的手段渡过江。一营前卫分队到达离江边五华里处即伪装起来向江边运动。但是，很快地就被敌人发觉了。因此只好改偷袭为强攻。部队进行了政治动员，号召全体同志学习北渡乌江的勇士们的革命英雄主义精神。全体干部、战士斗志昂扬，并且提出了渡江战斗竞赛：看谁打得顽强勇猛，看谁先到对岸，看谁先占领并巩固住江边的阵地。同志们都下定了决心：只有前进，打垮敌人，不能回头！

一营的一个排担任先遣渡江的任务。准备工作既紧张而又短促。全排的干部、战士在火力掩护下，坐上竹排就往对岸划去。山顶上的敌人疯狂地向竹排射击。竹排在惊涛骇浪中旋转着顺流而下，没法把握方向。竹排在激流、巨浪冲击下，一会儿漂上，一会儿沉下，半个钟头以后，不但没有渡过去，反而又漂回北岸来。我们分析了当时的情况：水流湍急，即便先头部队能强渡过去，竹排来回渡一次，也需要一个钟头的时间，而敌人又在拼命地进行火力封锁。看来，日间强攻难以奏效。于是，准备夜战。

黄昏以后，天气突变。一刹时，狂风大作，雷雨交加。夜，黑得对面不见人。天色同乌江的浊水难以分辨。江水疯狂地咆哮着。这样的天气对于我们渡江的准备工作的确增加了极大的困难。可是，这对敌人也起了麻痹作用。愚蠢的敌人以为在这狂风大雨的夜里，红军是根本没法渡江的。然而，他们错了。红军最善于从困难中出奇制胜。坏天气恰恰变成了掩护红军渡江的好条件。

夜晚十点钟，在暴风雨的掩护之下，一营白天渡江未奏效的那个排，先把竹排拖到预定登岸点的上游，放出后，斜着顺流而下，冲到江心，经过同江水的一番搏斗，这个排的勇士们终于胜利地到达了对岸。而敌人却没有发觉。由于天太黑，南岸的敌情又不熟悉，北岸我军无法以火力支援他们，只能靠他们发扬独胆精神，根据情况进行战斗。

勇士们渡江之后，静静地隐蔽在江边的一块岩石后，个个浑身都湿透了。3月的夜晚，寒气从江上袭来，冷得发抖。他们派出了三个战士进行侦察，终于找到了石壁上的那条小道。三个战士抓着石壁上的野藤，用绑带、米袋结成绳子，一个一个地顺着石壁间的小路攀了上去。他们在黑暗中借着风雨呼啸声的掩护，悄悄地摸到了吊桥边。一道闪光掠过，战士们看到了蜷伏在桥头洞口的敌人的哨兵。几个手榴弹同时扔了过去。蜷缩成一团的敌人有的被炸死，有的狼叫似地喊着："红军来了！"没命地滚下山去。

占领了这个险要的隘口，打开了通向南岸山上的孔道，控制了渡口，后续部队便源源过江。到早晨三点钟，已经渡过一个连。先头连过江后，即以小群分散运动至离敌主阵地一百公尺左右的地方隐蔽下来。

敌人遇到这样突然的打击，又弄不清红军有多少人过江，见山头堡垒已失，慌作一团。我军于拂晓时，实行突然袭击，当即消灭敌人一个连。接着全营敌人就一起垮了下去。

工兵连架起浮桥，天亮后师主力即全部过江，乘胜前进，并迂回到乌江下游的几个渡口的后方。沿江零散守敌全被消灭在江边。

前卫分队在离开渡口七八里路的地方，捉到一个从息烽敌军师部派来的传令兵。他带着一封万万火急的信，要守渡口的敌营长无论如何不惜一切代价守住渡口，等待援军。我们得到这个情况后，即留下一部分兵力守住渡口，主力沿公路向通往息烽的婆场前进，半路上，果然遇到敌人增援的一个营。他们还蒙在鼓里，完全没有料到迎头碰上了红军。我军一个猛冲，就把这个营大部消灭了，并活捉了敌人的营长。我军乘胜向贵阳方向长驱疾进。

我军一面向贵阳方向前进，一面扬言要打贵阳。这可吓坏了王家烈的"双枪兵"。红军派出一部分部队在贵阳城外摆开阵势，把通往贵阳的方向警戒起来，主力却从离城四五十里的地方往西南而去。那时，敌人以为红军去而复来，要在贵州建立根据地，或东去与二方面军会合。于是川军主力齐集黔北，薛岳部及湖南军阀则由东面堵截，云南军阀龙云的部队也调到贵州增援，蒋介石亲往贵阳督战。红军却乘虚直插云南，并且又作出要打昆明的姿态。于是，云南军阀又慌了手脚，蒋介石又慌忙赶到昆明督战。而红军主力却又调头直向西北，又把白军远远地抛在后面。红军的行动调动了敌人，使自己从容地渡过了金沙江，终于摆脱了数十万敌军的尾追、堵截。渡过金沙江以后，我军又向北继续前进。

通过大凉山

1935年春天，中央红军强渡天险金沙江之后，以风驰电掣之势继续北上，一路上攻占了西昌、越嶲、冕宁。企图对红军进行阻拦的四川军阀部队，一触即溃，望风披靡。

然而，摆在红军面前的任务还是十分艰巨的。当时尾追红军的国民党军队，已进至金沙江一线，而前头截击的国民党军队，则正向大渡河急进。红军如果不能迅速抢占大渡河，势必被迫向西转入更为艰苦困难的川康交界地区。因此，当时红军必须排除一切困难，迅速抢渡天险的大渡河。为了执行这个艰巨的任务，左权同志率二师五团一部和军团的侦察连，经越嶲向大树堡挺进，担任佯动，钳制和吸引富林的敌人；红一师一团和工兵连为先遣队，由刘伯承、聂荣臻同志率领，迅速抢占大渡河边的安顺场渡口，以便掩护中央红军的主力渡河。当时我也奉军团首长命令，带一个工作团，随先遣部队进行部队政治工作和沿途的群众工作。

从冕宁到大渡河，中间隔着大凉山地区。这里聚居着中国西南部一个少数民族——彝族，当时那是一个还处在奴隶社会的落后的民族。彝族人民性情强悍，部落之间时常因奴隶主互相争夺土地、奴隶、牲畜，而引起械斗。狡黠的汉族商人经常利用彝族人民的朴实诚恳，对他们进行欺诈和剥削；国民党军阀则经常对他们进行“剿讨”和抢掠。这一切，都引起了彝族人民对汉人的猜忌和敌视，种下了极深的成见。他们特别反对汉人的“官兵”入境。显然，在当时要他们能够很快地从本质上理解红军是什么样的军队，是很困难的。

在这种情况下，要顺利地通过这个地区不是一件容易的事情。可是，为了争取时间，我们又必须经过大凉山借道彝民区。我们赖以克服这个困难的唯一武器，就是党的民族政策。我们只能对彝民采取说服的办法，争取和平通过。

先遣队调查了彝民的风俗习惯，在部队中普遍进行了党的民族政策的教育。又请到一位通司（翻译），准备和彝民的首领谈判。

一切准备妥当之后，我们的先遣队于5月22日早晨开始进入彝民区。一路上只见山峰入云，道路崎岖，山谷中林木葱茏，野草丛生，地面上淤积着腐烂的叶子，厚达数寸。山涧之上往往只有一根独木桥，走起来十分不易。这儿天气多变，时而浓云低垂，时而细雨霏霏，使人有一种瘴疠弥漫的感觉。境内有“孔明寨”，相传三国时候西蜀诸葛亮“七擒孟获”的战场就在这里。“孔明寨”便是蜀军兵营的故址。

进入彝民区不远，就看到山上山下，彝民们千百成群地挥舞着土枪、长矛、棍棒，呐喊着，出没于山林之中，企图阻止红军前进。我们不得不缩短行军距离，以防突然袭击。部队戒备着继续前进。

进到彝民境内三十多里路的谷麻子附近时，前面麇集的人群拦住了去路，我们不能再继续前进了。彝民们喧嚷着，很难听出他们说的是什么。不过从他们的手势和面部激动的表情上，却能够看出，再要强行通过，势必引起冲突了。这时，后卫又传来一个使局面更加紧张的消息：跟在主力后面的工兵连，因为没有武器，刚掉到主力后面一百多公尺远，就被彝民把他们携带的架桥器材和其他用具一搜而光，可是彝民并不伤害红军。工兵连的同志只得循原路退回出发地。

先遣队停止前进以后，彝民们便密密麻麻地围了上来。我们要通司大声地向彝民们说明红军同国民党的中央军不同，红军不是来抢劫、杀害彝民的，只是借道北上，并不在此住宿。可是彝民仍然摆手挥刀，高声喊着“不许走！”正在混乱得不可开交的时候，前面山谷入口的地方，扬起一阵烟尘，几匹骡马直驰而来。为首的一匹黑骡子上，是一个高大的彝人，年约五十多岁，脸色微褐，身披麻布。他的到来，使喧闹的人群稍微安静了一些。通司认出这人是此地彝民首领小叶丹的四叔。

有了头人，便好说话，看来是解决问题的时机了。我便要通司找小叶丹的四叔前来答话。当通司告诉小叶丹的四叔说红军部队的首长要找他谈话的时候，他欣然地同意了，并随即下马，挥退了集聚的人群。

我们首先对他表明了红军是替受压迫的人打天下的，此来并不打扰彝族同胞，只是借路北上。根据彝族人十分重视“义气”的特点，又告诉他，红军刘司令亲率大批人马北征，路过此地，愿与彝民的首领结为兄弟。

听了我们的解释以后，小叶丹的四叔还是半信半疑。可是，当他环顾四周，看到红军的纪律严明，并不像国民党“官兵”那样抢掠烧杀的时候，便对我们的话深信不疑了。特别是听说率领大军的刘司令愿与彝民首领结为兄弟，更加高兴。因而对我们的提议也便欣然答应了。其实，当时红军前进路上的两个彝族部落——“沽基”和“罗洪”，正在不断械斗，小叶丹便是“沽基”家的领袖。他所以欣然答应与红军结盟，是想借红军的力量打败“罗洪”部落。红军与小叶丹结盟，则是为了减少北上途中的阻力。当时为了表示信用，我们把一支手枪和几支步枪赠送给他，他也把骑的那匹黑骡子送给了我们。

谈判就这样顺利地成功了。当我把这个情况向刘伯承、聂荣臻同志报告的时候，他俩正在为继续前进可能引起冲突而焦虑。因为如果先遣队不能顺利地解决借路问题，便要影响后面主力的通过。大家正在苦思良策，获悉谈判如此顺利、迅速，同志们都喜出望外。刘伯承同志当即毫不踌躇地上了马，为了团结少数民族的同胞，为了红军主力的顺利通过，他准备去担任这拜盟的主角。

刘伯承同志骑马来到了部队的前头。小叶丹和另外几位彝族首领立刻趋前迎接。我把刘伯承同志介绍给他们，小叶丹便跪下致敬。刘伯承同志下马亲切地扶起小叶丹，以诚恳的态度重申红军的来意，并愿与小叶丹拜盟，表示将来红军打败反动派以后，一定帮助彝族人民解除一切外来的欺压，建设自己美好的生活。

结盟仪式的准备工作十分简单：两碗清清的湖水，一只雄赳赳的大公鸡。把公鸡的嘴破开，鲜血分洒在两只碗里，碗里的清水立刻变成了殷红色。这便是结盟仪式的全部准备工作。

结盟仪式决定在横断山脉的一个小山谷间谷麻子附近的海子边上举行。海子里的水，清澈如镜，倒映着浓密的树林。春风吹起微波，激荡着岸边的岩石，像是在为这个可纪念的盟誓唱着赞歌。

我们把结盟的仪式安排妥当之后，刘伯承同志和小叶丹叔侄来到海子边上，他们虔诚地并排跪下。面前摆着滴过鸡血的水碗。

不用香，不用烛，面对着蔚蓝的天和清明的水；主宰这个盟誓的是兄弟民族团结的赤诚。

刘伯承同志高高地端起了大碗，大声地发出誓言：“上有天，下有地……

刘伯承愿与小叶丹结为兄弟……”当他念完最后一句，便把鸡血水一饮而尽。小叶丹叔侄也立即把“盟酒”饮完，结盟的仪式便告结束。

夕阳的余晖映红了海子里的水，海子边上呈现出的是友爱、团结的气氛。虽然暮春傍晚的大凉山还是凉风瑟瑟，然而人们的心中却是温暖的。

继续前进，当天也走不出彝民区，先遣司令部决定返回30里，在汉族地区的大桥宿营。小叶丹叔侄也被热烈地欢迎到红军的宿营地来。彝族人善于喝酒，先遣司令部把驻村所有的酒全部买来，这些酒量如海的客人也只不过微有醉意。

第二天，小叶丹于清晨先行返回，他的四叔向导红军入境。结盟的消息早已传开，凭着头一天亲身的经历，彝族人民已经相信红军司令与他们的首领结盟是真诚的，红军是不会侵害他们的。他们已不像昨天那样地猜忌和拦阻了，只是成群结队地站在路旁，好奇地、仔细地看着红军的队伍，浩浩荡荡，向北而去。红军纪律严明，秋毫无犯，踏着轻快的步伐前进。经过近百里的强行军之后，便走出了彝族地区。这时天色已晚。

中国彝民红军沽鸡支队的队旗。执旗者为小叶丹的夫人。

刚刚进入汉族地区的岔罗街，便遇上了当地的民团。在暮色苍茫中，他们把红军当成了“中央军”，因为他们这批专门在汉彝边境上祸害人民的家伙，不仅认不得红军，连他们的“中央军”也从未见过。蓄着八字小胡、吸鸦片吸得脸色蜡黄的岔罗区区长，亲率几名喽罗前来欢迎。

我们也便将计就计，略为装扮一下，就进了村子。

这个昏头昏脑的家伙，摆了酒席为我们“洗尘”。就在酒席桌上，我们把前面路上的情况和安顺场的敌情都一一了解清楚。特别是了解到安顺场渡口只有一只小船，夜间在这岸，白天就划到对岸。如果不能出敌不意神速地把这条小船抓住，要过大渡河就非插翅不可了。情况弄清楚以后，我们就把这帮无恶不作的坏蛋缴了械，捆了起来。

虽然经过一天的强行军，并且只吃过一顿饭，已经十分疲劳，但是为了争取时间，争取胜利，在夜色茫茫中部队又向着大渡河继续前进了。

渡河东征

一

1936年，灾难深重的中国人民，正处在日本帝国主义空前严重的侵略威胁之下，全中国一切不愿作亡国奴的人们，在中国共产党的领导和号召下，掀起了风起云涌的抗日救亡运动。

国民党反动派对领导抗日救亡的中国共产党是极端仇视的。它一方面加紧进行对陕北革命根据地的军事“围剿”，一方面疯狂地镇压全国的抗日救亡群众运动。

当时，我中央红军，在毛主席亲自率领下，经过二万五千里长征，已于1935年10月，胜利到达了陕北，和陕北红军会合，并在毛主席的亲自指挥下，和陕北红军团结战斗，彻底粉碎了蒋介石对陕北革命根据地的第三次“围剿”。12月25日，中央于瓦窑堡召开了政治局会议，通过了《关于目前政治形势与党的任务决议》。为了在发展中求巩固，使陕北革命根据地成为全国抗日的大本营，推动全国的抗日救亡运动，1936年2月20日，由红一军团、红十五军团和红二十八军组成的“中国人民抗日先锋军”计两万多人，在毛主席和彭德怀同志的指挥下，分左中右三路，东渡黄河，准备直接对日作战。

统治着山西的土皇帝阎锡山，极端仇视领导抗日救亡的中国共产党，为了维护他对山西的反动统治，强行抓伕派款，沿着黄河东岸的二十余县，构筑高碉暗堡，妄想阻挡东进抗日的中国工农红军。当然，阎锡山是太不自量力了。蒋介石上百万的“中央军”，在天险乌江、金沙江、大渡河，尚不能阻挡住红军的铁流，难道这个割据一方的土皇帝就能在黄河边上阻挡住红军的胜利前进吗？

2月中旬，虽然已是初春了，但西北高原上依然是积雪未化、千里冰封。红军第一军团和第十五军团，按照毛主席、中央军委的命令，极其隐蔽地集结在黄河西岸，紧张而秘密地进行着渡河的准备。彭德怀司令员亲自带了电台，在无定河口上下游各数十里，详细侦察渡河点，同时，也侦察了敌情。各级指挥员，从军团首长到突击队长，都仔细地侦察和研究了渡口和登陆点。一切准备就绪，我们站在白雪皑皑的河岸上，望着滔滔的黄河流水，想着渡河东征的重大意义，恨不得立刻插翅飞越过去。

2月20日夜9时，渡河的命令下达了。部队在北起沟口，南到永和关，沿黄河一百里的渡口，用木船和羊皮筏子同时渡河。先遣队的小船从通向黄河的小川里，静悄悄地滑向黄河。我们红二师第五团第三连，由24名同志组成的突击队，在沟口开始了敌前强渡。没有月亮，没有星星，夜黑如墨，伸手不见五指。寂静的夜晚，只听见河水的咆哮声，冰块与木船的撞击声。突击队的小船，越过激流骇浪，迅速划向对岸。突然，对岸发出了一阵猛烈的枪声，冲破了黑夜的寂静。敌人发觉了，拚命用火力压制我突击队小船的前进。突击船上的战士们，加快了划速，互相鼓舞着：“加油！加油！登上对岸就是胜利！”

小木船快速地向前划去，穿过弹雨，越过惊涛。不管敌人火力多猛，也挡不住红军战士们奋勇前进。突击队的勇士们，受了重伤的，咬紧牙关坚持；受了轻伤的，照常继续战斗。红军的各路突击部队，犹如一把把锐利的尖刀，直插向敌人的河东防线。第二天凌晨，当红太阳在东方升起的时候，红军的各路突击部队都已登上了黄河的东岸。阎锡山吹嘘为“固若金汤”的河防，被撕裂开几道大口子。红军的千军万马，浩浩荡荡地渡河向东。黄河岸上到处是胜利的歌声：

密云遮星光
万山乱纵横
黄河上渡过抗日英雄们
磨拳擦掌杀气高
是我们铁的红军……

突破了阎锡山的堡垒封锁线后，我师于21日拂晓便占领了三交镇，全歼敌人一个营；接着乘胜前进，22 日占领了留誉镇。热切盼望红军的河东群众，奔走相告，对一夜间勇猛神速渡过天险黄河的红军，赞叹不止，纷纷传说：“红军飞过黄河来了！”

阎锡山压不住阵脚了，他的河防军如丧家狗一般拼命地向后溃逃。我军奋勇追击。2 月 26 日，红一军团在关上村截住了前来策应的敌独立二旅旅部、第四团全部和一个炮兵连。

关上村坐落在一条东西方向的大川里。红一师由西北向东南，我们红二师由南向北，把敌人包围起来。头一天刚下过雪，敌人被堵在这里，变成了瓮中之鳖。天黑后，我军发起了攻击。我们二师阵地在东南角的山洼里，打得特别激烈。阎锡山的独二旅，是阎军中战斗力较强的部队，他们自吹自擂，把自己说成是“满天飞”。过去哪里吃紧，这个旅就“飞”到哪里去救急。这一回却没能“飞”出红军的手掌心。敌人为了逃命，进行了疯狂的垂死挣扎。阎锡山在太原有兵工厂，他的部队子弹多，打起仗来拼命放枪；加上敌人为了逃脱彻底覆灭的命运，以猛烈的炮火掩护，多次企图强行夺路突围。然而，这不过是敌人的痴心妄想。我英勇善战的红军，哪能让被围的顽敌跑掉！关上村这一仗，是我军东渡黄河以来的第一个大仗，战士们的劲头十足，以红军擅长的夜战、近战，死死地卡住了“布袋口”，拿手榴弹狠敲敌人。打到半夜的光景，我们就把这股敌人歼灭了。同志们豪迈地说：我们把“满天飞”打成了“满地滚”。直到第二天拂晓，我军还漫山遍野地在捉俘虏呢！

二

为了进一步保证东征战役的胜利，关上村战斗结束后，我们进行了短期休整，准备继续东进。根据政治委员聂荣臻同志和军团政治部的指示，部队认真进行了行军、作战的动员工作。各级指挥员和政治工作干部，分头下到连队，宣讲当时形势和东征的战略意义，使人人深刻理解行动的目的。行军时，领导干部深入连队，同战士一起走，谈形势，讲故事，进行各种生动活泼的政治思想工作。在那些日子里，特别忙坏了给养员，他们不仅要筹办粮草，还要学习做饭。因为部队是刚从南方来的，对做小米饭、面食还缺乏经验，饭做不熟，吃了拉肚子，给养员们为保证部队吃好吃饱，付出了辛勤的劳动。天气寒冷，衣服单薄，预防冻伤也是一件麻烦的事。在艰苦的情况下，共产党员、共青团员吃苦在前，享受在后，发挥了骨干作用。依靠着党的坚强的政治工作，从而战胜了各种困难。

敌人妄想阻止我军于吕梁山以西的企图，一开始就破产了。3月上旬我军继续东进至兑久峪一带后，逼近了同蒲路。阎锡山看到红军全部越过了吕梁山，吓慌了手脚。一面加强对太原的防守，发急电要求蒋介石支援；一面急调驻守介休、孝义的部队，向兑久峪兼程疾进。我们原来预计敌人不过四五个团，便决定把它诱进来，准备一鼓聚歼之。一军团和十五军团摆好阵势，把敌人放进了兑久峪。

3月10日清晨7点钟，我军发起了攻击。开始打得比较顺利，但突破敌人第一线后，敌人利用山边的窑洞固守，集中炮火向我军轰击，炮火之猛，是五次反“围剿”以来所少见的。我们占领的山头，几乎全被硝烟笼罩起来。我和师长刘亚楼同志随先头部队指挥作战，在这个暴露的地段上，敌人以密集的火力封锁着我们，我红军指战员更是英勇顽强，战斗打得相当激烈。就在这紧张的战斗中，我刚跳下一个土坎子，突然身不由己地站立不稳了，觉得裤脚里湿漉漉的，低头一看，血已流到了脚面上，这才发觉左腿受了重伤。

从日出到日落，战斗一直处在对峙状态下。在战斗过程中查明，原来敌人投进来的不是四五个团，而是三个步兵师，一个炮兵旅，共14个团的兵力。我军刚刚过河，没有根据地，群众还没有发动起来，地形又不利，要一口吃掉这么多的敌人，是很困难的。为避免和敌人拼消耗，毛主席当机立断，命令撤出战斗。这一仗共毙伤俘敌约两个团，给了阎锡山的所谓精锐部队一个严重的打击。

阎锡山接连吃了几次苦头，不敢贸然对红军进攻了。为了保住他的地盘，把兵力集中，便到处组织“防共保卫团”“公道团”等反动组织，配合其主力沿汾河和同蒲路严密设防，阻止我军继续东进。与此同时，他又再三催促蒋介石火速发兵山西。在这种形势下，为了调动敌人主力，为我军广泛发动群众、开展工作造成有利条件，毛主席作出了英明的决策，决定十五军团向太原方向进行佯攻，掩护一军团南下进入汾河地区开展工作。

毛主席命令十五军团向太原方向佯攻这一着棋，把全局都走活了。红十五军团挥师北上，于3月中旬逼近了太原附近。先头骑兵连一度占领了距太原只有几十里的晋祠。阎锡山一看红军打到了他的老窝，极度恐慌。急调其主力十多个团，回救太原，并完全按着我们的调动，尾随我红十五军团之后拼命追赶。红十五军团就这样“带着”他们，从晋中一直把他们拖到了晋西北。我红十五军团路经岚县、兴县等地，在白文镇与刘志丹同志率领渡河的红二十八军会师。我军在达到了调动敌人兵力的目的后，又回师南下，并在运动中歼灭了敌人近两个步兵团和两个炮兵连。

反动愚蠢的阎锡山，动用主力跟着我红十五军团转来转去，既打不上，又放不下。正当他们四处扑空、疲于奔命的时候，我红一军团遵照毛主席的命令，立即向空虚的晋南挺进，在二十天的时间内，势如破竹，突破了敌之汾河堡垒线，沿着同蒲路东侧南下，围困霍县、赵城、洪洞、临汾、浮山，并攻克了襄陵（今襄汾）和侯马镇。这时阎锡山才如醉初醒，知道中了我调虎离山之计，真是又悔又恨，捶胸顿足，气急败坏，但已无济于事了！

山西人民在阎锡山的长期残酷统治下，生活极为困苦，广大农民迫切要求实行土地革命。我军遵照毛主席为我们制定的工作方针，把发动人民抗日和土地革命结合起来，没收汉奸、卖国贼和恶霸地主的土地财产，分配给穷苦农民。同时，充分发挥我军工作队的作用，每个连队，都组成了工作队，人人做宣传员，张贴抗日先锋军布告，挨家挨户去宣传，召开群众大会，利用各种群众喜闻乐见的形式，宣传我党我军抗日救国的革命主张，揭露蒋介石反共卖国的罪行，揭露阎锡山勾结日寇进攻红军的罪行。在普遍发动群众的基础上，成立抗日救亡组织。

为了扩大抗日武装力量，我军还大力开展了扩大红军运动。经过宣传教育，广大群众又亲眼看到了我军抗日救国和全心全意为人民服务的革命行动，汾河平原上迅速掀起了参加红军的热潮。父亲送儿子、妻子送丈夫，青年人络绎不绝地报名参军。有的到了红军中，亲眼看到红军纪律严明、官兵一致、军民一致，更加热爱红军，便又回去做宣传，一传十、十传百，亲戚朋友相约而来。许多青年学生，激于抗日救国的热情，也毅然离开学校，报名参加红军。只有一个月左右的时间，我军就扩大了七千人。这是一个重大的胜利。红军长征到陕北，部队减员的数目很大，有些部队虽有建制，但人员极少，有些连长下放当班长，打仗缴来的枪都要请人来扛。现在七千多名新战士拥进了部队，队伍一下子壮大起来了。

东征的胜利，完全证明了毛泽东同志所提出的在发展中求巩固的方针是正确的。

三

阎锡山为了维护他土皇帝的反动统治，几十年来在山西闭关自守，连铁路也修成了窄轨，不与外省接通。不论蒋介石也好，其他军阀也好，谁的势力也挤不进去。现在他的反动统治摇摇欲坠了，迫不得已只好向蒋介石求救。蒋介石得此良机，在4月中旬，就派了10个师，分两路进入了山西，一路五个师自潼关北上，另一路五个师沿正太路西进。总指挥陈诚坐镇太原。阎锡山和蒋介石虽然各自心怀鬼胎，勾心斗角，但在反共反人民这一点上是一致的。阎锡山得到了蒋介石的撑腰壮胆，也派了五个师、两个旅由晋中向南压过来。这时，驻守黄河以西陕西境内的国民党军队，也企图沿黄河北上，封锁黄河渡口，妄图包抄红军后路。敌人的如意算盘是：迫使我军背水应战，聚歼我军于晋西的隰县、石楼地区。

红军既然在东征中壮大了自己，发动了群众，又达到了调动陕北阎军回山西以巩固我陕北根据地的目的，为了保存抗日力量，避免与优势敌人决战，党中央和毛主席决定红军回师西渡，彻底粉碎了蒋介石和阎锡山迫我决战的阴谋。

红二师由临汾附近向西转移，撤到清水关附近，负责掩护军团部和一、四师西渡黄河。一、四师西渡前，在吉县又打了一仗，歼敌八百余名。

4月下旬的一个下午，在回师的途中，在清水关以东二十里的山上小庙里，我们又见到了毛主席。这时，为了避免和优势敌人背水作战，红军主力已大部分渡过了黄河，而主席，还带着电台和一支小部队留在河东，指挥着整个部队的西渡，并亲自率领这支小部队为渡河大军作最后掩护。这时，情况异常严重，敌人二十万大军正从东、南、北三面压过来，隆隆的炮声，越来越逼近了。已经渡到河西和正在渡河的战士们，千万双眼睛，都焦急地注视河东，大家都为毛主席的安全担心，请毛主席快些渡过河去。主席却沉静地笑着说："不要紧，来得及！"说着又继续工作。

毛泽东同志在不少极其紧要的关头，那种坚毅、沉着、当机立断的气质，是我们永远难忘的。哪里有困难，哪里最危急，他总是出现在哪里。记得在长征途中夺取腊子口的时候，毛主席就在离腊子口很近的地方指挥我们；夺下腊子口后，我们先头师乘胜追击逃敌，连续夜行军七十多里，部队伤亡较大，也十分疲劳，途中刚要停下来休息，这时候，毛主席赶到了我们师的驻地，对我们讲解当时严重紧急的形势，鼓励大家再鼓一把劲，赶到岷县去包围敌人，掩护后续部队的前进。毛主席来到先头师，使战士们忘记了疲劳，毛主席的指示，使同志们明确了行动的目的和意义，大家一跃而起，连跑带跳地奔向前去，感到浑身增添了无穷的力量，勇猛地去夺取胜利。

红军刚到吴起镇（今吴旗），敌人对陕北根据地的第三次“围剿”就开始了。那时候长征刚刚结束，部队很疲劳，天气又寒冷，要战胜装备精良的敌军，困难是很大的。我军决定发起直罗镇战役，这一仗将决定历尽千辛万苦的工农红军能不能在全国最后一块根据地中站得住脚。正是在这紧要关头，毛主席来到了我们师的进攻出发阵地。毛主席在向指挥员作了询问并作了重要指示后，又亲自查看了战士们的战斗准备。当时，已是北方的 11 月寒天，敌人都穿上了老羊皮袄，而我们同志的身上还是从南方穿来的一身单衣。毛主席鼓舞战士们说：“同志们，天气这样冷，我们还没有棉衣，现在敌人运输队已经给我们送来了棉衣，你们可以向敌人‘借’点衣服穿！”在激战前夕，毛主席亲临前线指挥，这给我们增添了百倍的勇气和胜利信心，同志们顿时忘记了寒冷，英勇顽强，一往无前，一鼓作气把敌人的一个整师干净彻底地消灭掉，连敌人的师长也给活捉了过来。

现在，在情况十分危急的黄河渡口上，毛主席又出现在我们面前，看到毛主席亲自在这里指挥，全军同志的心情更加沉着，更加安定了。原来渡口只有几只木船，但是在毛主席的亲自指挥下，部队秩序井然，有条不紊地陆续渡向黄河西岸。毛主席科学地计算着各路敌军向前逼进的时间和进程，周密细致地组织着红军西渡，就在敌军迫近黄河渡口的时候，我全军已胜利渡到了黄河西岸，毛主席也随同最后一批掩护部队安全渡过了黄河。毛主席刚刚渡过黄河不久，敌人的炮弹便从河东飞了过来。同志们笑着说：“听，敌人放礼炮给我们送行来了！”

周恩来副主席专程从瓦窑堡远道赶来，迎接东征凯旋归来的毛主席和红军部队。当红军带着胜利的喜悦，返回陕北根据地的时候，敌人的二十万大军压到了黄河东岸，可是他们望着浊浪滔滔的黄河，只有隔河兴叹了！

胜利的渡河东征，从 2 月 20 日开始到 5 月 5 日结束，在 75 天中，击溃阎军 31 个团，歼敌 13000 人，伤敌团以下官兵 4000 多，缴获大炮 3 门，电台一部，取得了军事上、政治上的伟大胜利。5 月 9 日，党中央在陕西省延川县杨家屹台发表了“停战议和，一致抗日”的回师通电。红军在山西的广大地区播下了革命的种子，震撼了阎锡山在山西的统治基础。我党我军播下的革命种子，很快就生根、发芽、开花、结果了。不久，抗日的烽火便在山西、在阎锡山的脚下燃烧起来。

红旗漫卷西风

——忆红军 1936 年西征

1936 年 5 月，东征的红军因受到蒋介石大兵的阻挠，回师陕北之后，略事休整。为防止日军侵入大西北，推动驻扎在西北的东北军和西北军抗日，开始了西征。

陕北的 5 月，正是春暖花开的季节。我们红一军团为左路军，从驻地出发，经吴起镇向曲子、环县一线开进，配合右路军十五军团钳击盘踞在三边和宁夏之敌。吴起镇背负土山，俯靠洛水，城堡建筑在河堤上。1935 年 9 月我们曾在此打垮敌追击的骑兵，结束了为时一年零一个月的名震世界的长

1936 年，萧华（右一）与红一军团朱瑞、杨得志、熊伯涛（左后）、左权、邓华（右后）、陈赓、聂荣臻等在宁夏红城水（左起）。（斯诺 摄）

1936年，萧华与杨得志在甘肃宁县早胜镇。

征，而进入了陕北老根据地。这里是中国革命大发展的地点，也是我们久经战火的红军战士们终生难忘的地区。现在，旧地重游，引起了人们亲切的回忆。我们的队伍进入市区之前，战士们都整理了行装，把东征缴获来的新武器擦得发亮，居民们还好奇地以为我们是那里来的一支新红军呢。当他们发觉我们就是不久前在这里落过脚的中央红军时，奔走相告，从四面八方送茶送饭，欢迎我们。在这里，我们红一军团召开了团以上干部大会，聂荣臻政委作了政治动员，部队准备了炒米和玉米花等干粮。大约是5月中旬的一天，我们开始了战备行军。于是，在我国革命史上有重大意义的红军西征开始了。

一

那时我们红二师是军团的前卫。为了隐蔽和迅速，我们在夜行军和强行军中，宿营地和具体任务是不向下面交代的。每天下午4时出发，第二天9时以前宿营。一路上只见起伏的山丘，荒凉的草原，长角的羚羊，群飞的野鸡，几天不见村落和人烟。我和杨得志同志经常穿行在长长的队伍中，检查战斗准备的状况，和战士们聊天。有的问：为啥不直接攻占兰州和宁夏城呢？有的说，是要回江西老区了吧？过草地了吧？也有的人怀疑要到新疆去，打通国际路线……总之，议论很多。我不能告诉他们去哪里和打哪里。但经过解释和教育之后，大家的疑虑消除了，都知道我们是要推进全国抗日的高潮，情绪很高。

三天以后，我们到达曲子镇附近。曲子镇原是国民党环县县政府所在地，庆阳通宁夏的要隘，也是我师西征要夺取的第一个目标。当我们进至城

1936 年，西征时红二师部分领导合影。师长杨得志（左六）、政委萧华（左四）、参谋长熊伯涛（左三）、政治部主任唐亮（左五）

东五六里路的地方，一个回民打扮的青年人，骑着马向我们飞奔而来，接近我们师部以后，翻身下马，原来是我师骑兵侦察员侦察归来。在他喜气洋溢的神情里流露出压抑不住的高兴：

“报告师长、政委，马鸿逵的骑兵旅长‘冶骡子’带了三百多名骑兵由庆阳向宁夏巡逻，刚刚进入曲子，现在正打尖喂马。”

经常总是红军未到，敌人早闻风而逃。今天却给送上门来了！真是盼之不得的好消息。

侦察员报告的情况是确实的。敌骑兵旅长“冶骡子”，我们曾经听说过，他本名叫冶成章，是马家军的“勇将”，性情暴躁，打仗强悍，所以人称“冶骡子”。“冶骡子”这次带来了三百名骑兵，都是他的亲信，行动迅速，善于奔袭作战。我们最欢迎这样的作战对象。这时已是早饭时分，如果动作迟缓，强悍的“骡子”就可能闻风跑掉。我们很快下了决心，命令先头二团迅速地去包围曲子镇。在连续急行军之后，要弄到一个好仗打，对于我们红军的战士来说，比什么都高兴。不到一小时，他们就团团地围住了曲子镇的城堡。“冶骡子”虽然以快速著称，但比起我们“飞毛腿”的红军战士来说，却不免相形见绌了。

曲子镇的土城方圆不过两华里左右，城垣高二丈厚六尺许，垣四周有碉堡，垣外有壕沟深达丈许，易于守备。如果不给敌人一个厉害，非但“冶骡子”不能驯服，群众得不到解放，对推动东北军、西北军抗日，对完成整个西征的任务，也有不好的影响。我们在察看了曲子镇周围的地形之后，立即派出了对庆阳方面的警戒，决定由二团主攻、五团助攻，以便迅速地夺下这个要隘。

二团主攻连选择的突破口是堡子的东南角。这里正好有十几幢房子，和城堡的碉楼相距三十多米，只隔一条护城壕。下午 2 时半，我和杨得志同志来到主攻连，战士们有的忙着制作云梯，有的在挖通墙壁，火力队则在构筑火力点、擦拭子弹，好不紧张。战士们为自己能受领这样的重要任务而感到光荣。当地的老乡们听说“冶骡子”被红军包围了，也纷纷来帮我们烧水煮饭、准备担架。我们周密地检查了主攻连的登城准备工作之后，立即到了二团指挥所。下午 3 点，正式开始攻城。

二团的战士们在一阵猛烈的轻重机枪火力掩护之下，真是势如猛虎，很快就登上了堡子东南角上的小碉堡。半个小时左右，即占领了东南城角及其附近的街道。敌人被迫退到城西北角的一些居民区与我顽抗。二团的同志们打惯了运动战，他们没有构筑工事，也没有提防敌人可能的反击，两个尖刀连就自动沿着街道不停地扫过去，直逼城西北角，他们满以为一鼓作气就可以把敌人消灭。料不到这时候“冶骡子”抽足了大烟，亲自带着他的全部人马，从城西北角大街的各个巷子里，钻了出来。敌人是一群被金钱收买了的亡命之徒，大都光着膀子举着马刀，气势汹汹地喊着杀声，冲了过来。我们正攻击前进的两个连队和敌人打了一阵交手战之后，由于没有城市巷战的经验，也没有反击敌人的准备，敌人又是三面反冲击，只好边打边撤。“冶骡子”的队伍一股劲追逼到南门口，好猖狂的家伙呀！这时我和杨得志同志正在城门口二团指挥所和干部们研究如何解决敌人。看到敌人冲了过来，立即下命令让城墙上和街道上的部队全部开火。由一个排坚守城墙上的两个碉堡，巩固这个城门口。同时组织二团其余的三个连由正面和两翼进行反击。这时，五团相机在城西北角方向攻城。下午 4 时 30 分左右，在一阵激烈的冲杀之后，“冶骡子”被打得精疲力竭，丢下了一些死尸和伤员，又退缩回城西北角了。这时西北的城垣已被我五团占领，敌人只好龟缩在几个大的石头窑洞内，妄图顽抗。

从伤俘和人民群众的口中得知，“冶骡子”确是马匪军中最强悍的打手，只要让他抽足了大烟，多给些钱，他就不顾一切地拼杀卖命。因此我们就在队伍中再次作了动员，说明“冶骡子”的队伍一定要消灭，但必须既要勇敢又要机智。这时太阳已西沉，苍茫的夜幕已经降临。二团的同志们因为半天没有解决了战斗，很不服气，请求立即再攻。担任助攻的五团是原中央老区的模范团，作战沉着、勇敢，是有名的“夜老虎”团，也坚决请求主攻。我和师长考虑到晚上必须解决战斗，便决定二团、五团各以一个连从两个方向主攻。

黄昏以后，五团的一个连只派了一个班以迅雷不及掩耳的手段，就把西北城墙和北城敌人的碉堡楼全部摸下了。他们自上往下压，神不知鬼不觉地逼近了敌人盘踞的最后几个窑洞。二团的一个连，接受了下午攻击受挫的教训，用掏房、挖墙的办法，根本未上街道，以少数人隐蔽迂回到敌人盘踞的窑洞中间。等敌人发觉时，已分不清谁是谁了，就乱打起来。当时我们的重机枪“嗒嗒”地吼叫起来，压制了窑洞上敌人的火力。敌人马嘶人叫，到处乱窜。我们在各个街口都预先埋伏好了部队，轻而易举地把他们一个一个捉了起来。有的敌兵跑在老乡家里，换了便衣躺在炕上装病，有的头钻在炕洞里，屁股露在外边，什么怪样子都有。到晚上 10 点钟的时候，除“冶骡子”自己盘踞的一个窑洞之外，全部敌人都向我们缴枪了。

萧华 1936 年在宁夏使用过的指北针。

“冶骡子”为什么不投降呢？据俘虏说，他是马鸿逵部下的一员“勇将”，对我们的打法不服气。这有什么办法呢？我们的一个战斗小组，向他喊话，见他不理，就爬上窑洞把手榴弹从烟筒里丢下去。“冶骡子”的马弁被炸死了，他的腿部也负了伤，就乖乖地交了枪。

五团的同志把“冶骡子”带进我们师部指挥所的一个窑洞的时候，这个凶狂的打手，没精打采地低着头。我们正和俘虏谈话，医生和卫生员忙着给伤俘敷药，暂时没有理会他。半小时过去之后，他大概觉着有些奇怪，一双灰黑的眼睛，闪耀着惊异的神色，被搅乱的茅草般的小胡子向上翘着，好奇地端详着我们。我们当着他的面给伤俘裹好伤，由当地老乡把他们用担架送回宁夏；没有受伤的，愿意回家的都发了路费，放他们回家了。当卫生员给“冶骡子”敷药的时候，他也不拒绝了，清瘦的脸上还微微地出现了尴尬的苦笑。后来，我们也把他放回马鸿逵那里去了。

环县曲子镇消灭冶旅的战斗，打响了我们西征的第一炮。马鸿逵部从此望风披靡，不敢和我们较量了。他们被迫困守宁夏，不和我们接触。我们就西进至七营川清水河一线，大力开展群众工作，建立人民政权和争取东北军的工作。

二

在七营川、清水河一线和我们对峙的是东北军何柱国的骑兵军，他们是被蒋介石卡着脖子赶到西北来当炮灰的。对于他们的处境和遭遇，我们很了解。根据党中央的指示，部队自上而下介绍了东北军的情况和争取东北军抗日救国的教育。政治部的宣传队，连队工作组，以及广大指战员都展开了以争取东北军抗日为内容的宣传活动。部队中也普遍教唱《松花江上》《打回老家去》等感人的歌曲。

开始，东北军上层对我们的力量估计不足，总想和我们较量。我们不愿意打他，他来进攻，我们就回避。6月初的一天，他们又派两个团的骑兵向我们挑衅，我们向他们喊话：“中国人不打中国人！”“东北军兄弟们！调转枪口，打死卖国贼蒋介石！”谁知他们在上级严密控制下，对我方喊话置之不理，竟直逼我们的驻地七营川的堡子下面。看样子不教训他们一下，他们是不肯接受意见的。我们于是以迅雷不及掩耳之势，从三面向他们进行了反击，一举消灭了他们四个骑兵连。我们对俘虏来的官兵，都待之以礼，给他们讲清楚必须抗日救国、一致对外的道理，揭露蒋介石如何处心积虑地要消灭东北军……大部分被俘官兵都被我们团结抗日的正确主张和对他们宽待的行动感动得流下了眼泪，并向我们介绍了东北军广大官兵这几年来渴望国内和平、要求打回老家去的心情。我们把缴获他们的三百支步枪和一些弹药、马匹等，很快就交还了他们，并列队欢送他们回去。许多东北军官兵依依不舍地对我们宣誓说："我们再要和红军打仗，就不算是中国人！"

从此以后，在我们和东北军对峙的清水河一线，成了一个奇特的战线。白天我们是以碉堡对峙着的敌对双方，战线上鸦雀无声。晚上就是另外一回事。开始，清水河东边我们的部队首先唱出了"我的家在东北松花江上"那深沉的歌声，接着河西边东北军的堡垒中也传来"走，朋友！我们要为爹娘复仇！"的愤怒的歌声。我们部队唱"中国人不打中国人"，他们就唱"打回老家去"。唱到辛酸之处，可以清楚地听到他们的呜咽声；唱到愤怒之处，可以听到对日寇、蒋贼的激昂的咒骂声。就这样，我们和他们互相熟悉了。我们经常送纸烟和其他东西给他们，他们也不断送些日用品给我们。在我们提议下，还不断地和他们互相会面，在战地开联欢会。这样，在数百里的西北战线上，名义上是敌对的东北军和红军，实际上变成了抗日救亡的好朋友。1936 年 8 月，在固原东北的杨朗镇，我们在和他们骑兵军大联欢之后，军团政治部主任朱瑞同志作为代表，和他们进行了秘密谈判，还和东北军的一个师长签订了停战协定。蒋介石、何应钦及一切卖国反共的投降派，妄想利用东北军消灭红军和利用红军消灭东北军的阴谋，终于被我们红军西征中的这一正义行动给彻底粉碎了。我们还把消沉颓废、徘徊歧途的东北军，引向了抗日救亡的光明大道，并直接为以后发生的西安事变和国内停战团结抗日的局面创造了条件。

七营川附近，都是回民聚居区。做不好回民工作，不用说巩固根据地，就连脚也站不住的。我们在对东北军进行争取工作的同时，也大力进行了团结回民的工作，向部队发布了三大禁令：一、严禁住清真寺；二、不准吃猪肉，不准提"猪"字；三、不在回民区筹款，不打回民的土豪。部队中掀起了尊重回民、帮助回民的热潮。在西北高原上，吃水是困难的，有的村庄，要跑十几里路以外的山下去挑水，我们就实行了"满缸水"运动。回民是最爱清洁的，我们就帮他们打扫街道和院子。还把在汉民区打土豪得来的粮食分给穷苦的回民，这样，就得到了回民的热烈拥护。回民最讲感情和信义，他们称赞红军是"仁义之师"，是"回民的军队"，把长征后期我们送给他们的锦旗都挂了出来，还请我们去洗澡，节日请我们吃全羊，把我们当成了回民的亲人。我们帮助回民组织了自治政府，并依靠他们摧毁了清水河一线的反动地主武装，把在军阀马鸿逵残酷统治下的这一地区，变成了抗日救亡运动蓬勃发展的地区，胜利地完成了党交给我们的政治任务。

三

西征中最使我难忘的是一、二、四方面军的大会师。

1936年10月10日，当我们在三边地区进行回民工作和推动东北军抗日的工作收到巨大成效的时候。忽然收到了党中央发来的关于一、二、四方面军会师的贺电。贺电中说："正当日本帝国主义准备好了对于中国新的大规模的进攻，我有五千余年光荣历史的中华民族处在空前未有的危急存亡地位的时候，我民族革命战争的先锋队第一、二、四方面军在甘肃境内会合了！"党中央、苏维埃中央政府和中央军委以热烈的敬意与欢跃的贺忱向红军的领导者和全体红色战士祝贺后，指出："全国主力红军的会合与进入抗日前进阵地，在中国与日本抗争的国际火线上，在全国国内政治关系上，将更起决定的作用"，并号召说："我们即刻就要进入一个新的阶段了，这就是抗日民族革命战争的新阶段，这就是创立国防政府、抗日联军与民主共和国的新阶段！我们要在这个新阶段中，树立全国人民的模范，树立抗日战线的模范，争取一切国民党军队加入抗日民族统一战线，开通抗日前进道路，扩大抗日根据地。巩固抗日根据地，为保卫西北而战，为保卫华北而战，为保卫全国而战，为收复失地而战，为联合工农商学兵、联合各党各派各界各军，驱逐日本帝国主义出中国而战！"

这份贺电，对于我们红军战士真如大旱之见云霓。在部队中宣读之后，所有的人都欢呼雀跃起来，自动地展开了热烈的讨论。红色的指战员们提出了请求给予新任务和坚决完成新任务的保证书，并希望能早日看到分别已久的二、四方面军的同志们。大批慰问信送到了我们的师部。

接到贺电的当天，果然我们又接到中央的指示，说二、四方面军已出了腊子口，要我们前去迎接。这当然是一个极其愉快的任务。我便亲率五团，带领师政治部宣传队及一批工作人员，携带着慰问品，到界石铺一带向西安、天水方面警戒，去迎接艰苦转战后刚出草地的二、四方面军的同志们。战士们都穿上最新的军衣，把枪擦得发亮，打着红旗，高高兴兴地出发了。

到达界石铺的那天，我们就碰到了二方面军的同志们。二方面军的同志开始长征最早，结束最迟，他们为了掩护一、四方面军，在草地中走了两个来回。在这里我看到了闻名已久的贺龙、任弼时、关向应等同志，他们虽然军衣都破了，吃的也很不好，但情绪极高，精神很好，热情地向我们问候。甘肃的10月，已经落霜了，天气很冷。我们送了大批毡子、羊皮作见面礼物，并为这支兄弟部队筹粮送草。我们的战士们把自己亲手烙好的热饼，塞进继续向前进的二方面军同志的口袋内。我们还特别请二方面军的首长参观了我们的营舍和连队俱乐部，看了我们宣传队的演出。在那些日子里，我们两支部队沉浸在炽热的革命同志亲如兄弟的情感中了。

一天晚上。我忽然接到从九十里以外会宁县城打来的电话。会宁县我并没有朋友呀！是谁从县城里给我打电话呢？当我拿起电话，听到："你是萧华同志吗？"这熟悉而亲切的四川口音，使我真兴奋得要跳起来，给我打电话的，正是我们敬爱的朱德总司令。我是多么想念他呀！拿着电话筒的一

1936年春，在陕北。前排左起：罗华生、杨得志、萧华。后排：胡炳云（左一）、杨勇（左二）、熊伯涛（左四）、陈赓（左五）、罗元发（右一）。

刹那，我就想起一年前，我们长征到川黔交界的赤水、土城一带时的一场恶战。在那次战斗中，我和朱总司令在一起，身边只有一个排，上千的敌人直向我们猛扑上来，子弹密得水泄不漏。当时我劝他转移，但他坚持要和我们一起作战。那一仗打得很酷，一排掩护部队，没有剩几个人。战斗结束分手以后，我们都经过了长征，经过了千百次险恶的战斗，从南方到了北方，再没有看到他，而今天竟忽然又听到他那悦耳的声音了。

总司令首先关切地问道："毛主席好吗？周副主席好吗？"接着他又问到彭德怀、叶剑英、聂荣臻、邓小平、左权、刘志丹、徐海东等其他领导同志，问到部队广大指战员同志们，又详细地询问了陕北根据地的情况……我都一一作了回答，总司令听了非常高兴。

他那一连串问话中的深挚的情感，使我又回想起过去在江西时总部的一些难忘的日子。那时我在总政治部青年部工作，我们每开青年会议，他总是要来讲话的。开完会，赛球他总要参加，我们的青年队就以他的名字命名。他是全军的总司令，工作十分繁忙，但随时随地都愿抽身出来和我们青年战士在一起，教育我们，培养我们，影响我们。他那种和蔼可亲、热情诚恳、

1978年10月，萧华看望甘肃旱胜镇老区的父老乡亲。

艰苦朴素的作风，深深地印在我的脑海里。想到这里，一种崇高的革命情感的热流，霎时传遍了我的全身，平日难见的热泪竟不自觉地流了下来。

这次电话，打了足足有半个钟头，真不知有多少话要说。

四方面军的同志们，在朱德总司令率领下，从距离我们九十里以外的会宁城向陕北进发了。

一、二、四三个方面军的会合，正如党中央所指出的，对中国革命事业的发展，起了极大的推进作用。我们一、二、四三个方面军会合之后，于1936年10月24日至11月22日，在山城堡联合打了一个大仗。跟着二、四方面军来到三边的胡宗南先头部队的一个旅又两个团，只用了几个钟头就被我们消灭了。由于我们红军主力的大会合，由于我们西进争取东北军和进行回民工作的成功，由于战斗的胜利，有力地推进了全国人民的抗日高潮。不久就爆发了西安事变。中国人民抗日民族革命战争的新阶段，就在这巨大的浪涛中来临了。

中国人民解放军三十周年前夕追记于首都

广阳战斗散记

1937 年深秋。

日本法西斯强盗为了策应他们在晋北之攻势，以生力军一部，开始向娘子关进攻，企图突破我晋东之屏障，抄袭我忻口抗战部队之后路，进而威胁太原。晋东形势遂告吃紧。

为了打击敌人，挽救东线之危局，我八路军一一五师主力奉命向娘子关进军。

连续七天的行军开始了。平型关大胜之后，战士此刻又把他们的眼睛注视着晋东的关山了。他们准备给进犯的日寇以新的打击。

10 月的高原，刮着由塞外吹来的寒风。大清早，衰黄的草上，已经披上一层洁白的薄霜。离开驻地不远，部队翻过了一座大山，在崎岖的山路上、巉岩峭壁中间，急速地向南进发。雨后的山路异常泥泞，但是不能迟滞战士们行军的速度。在 10 月的寒风中，战士们虽然身上只有单薄的夹衣，但是部队的情绪却像冰雪融化后的春水，不断地高涨着。

干部们，忙着进行战斗动员工作。一路之上，雄壮的口号此起彼伏："我们要为保卫山西而战！""为保卫太原而战！""发扬平型关战斗胜利的精神，再给敌人一个歼灭性的打击！"

军人大会、干部会、讨论会、党的支部会都是在行军的过程中开的。战士们讨论的最起劲的是如何开展缴枪和捉马的比赛。

行军途中传来了娘子关失陷的消息。在我军到达正太路的时候，敌军已经占领平定。担任这一带防务的国民党军，早已逃之夭夭了。

正太路两旁稀疏的柳林，衬托着秋日蔚蓝的晴空，多么宁静啊！然而这种宁静并没有继续多久就被日寇的飞机破坏了：敌机啸叫着划过长空，猛烈地轰炸着我军的后方——寿阳县，并且贼头贼脑地到处侦察着我军的行动。

暴风雨就要来了。

巍峨蜿蜒的太行山脉像一条春蚕，匍伏在山西的东部，成为山西、河北两省的天然界线。太行山的西面，沿着正太路在榆次以东三十里的地方，是一片波浪起伏的丘陵地带，使正太路入山西境以后，必须沿着弯曲的山沟，跨过无数的桥梁，才能抵达榆次。敌人从娘子关西进的川岸兵团，除以主力沿平定、阳泉镇、寿阳进逼榆次以图夺取太原外，还以另一个旅出动于正太路左翼，与正面部队齐头并进，以互相支援；另外，还有约二千兵力之支队由九龙关经东冶头进逼昔阳。

10 月 29 日，我旅（一一五师三四三旅）主力通过了正太线。30 日到达路南的沾尚地区，当时敌人已占平定及其以南之自家掌一带。根据此情况，预料敌军必有一路经沾尚、松塔趋榆次，以配合正面敌军之进攻，企图切断我正太、同蒲之交通及晋北、晋南之联络。于是我军遂决定在平定、广阳[①]之山地中借优越之地形，设下埋伏，配合友军，打击西进之敌军。平定、广阳之间山皆南北向，西部高而东部低，且山峦丛叠，地形复杂，沟渠极多，又有疏落的树林，便于隐蔽，利于伏兵。

10 月 31 日，在马道岭发现敌人五六十名。这股敌人与我警戒部队稍作接触后，即缩回自家掌。

11 月 2 日正午，敌军约六七百名，向马道岭前进，随后又有步兵千余名及骡马七八十匹，在东林寺与我派出之小部队遭遇。在敌军飞机大炮猛烈轰击下，我军在马道岭所构筑之简单防御工事尽被毁坏。激战约四小时后，天已黄昏，我军便主动转移阵地。

当我军由马道岭转移时，便动员老乡坚壁清野。老乡们扶老携幼，相率离乡，只有一个做小生意的人不愿走。第三天，这个做小生意的人跑到我们阵地来，一面告诉我们关于敌军的行动，一面讲述了他的惊险的遭遇。他说："日本人把我捉住了，起初我还以为一个做小生意的人不要紧，可是到了晚上，他们要杀我了。天色漆黑，他们匆匆忙忙地砍了我一刀。我心想，这回可完了，哪知，一摸脑袋，只把帽子砍掉了。鬼子一走，我就顺着沟跑了出来。我非常后悔当初不听你们的话，险些儿送了命。"

11 月 3 日，敌军向广阳前进，我军以运动防御迟滞敌人，并进行对敌之侦察——这是由我们一个团长率领一连人，化装在左侧后方实行的。

---

① 广阳在山西省阳泉以东，娘子关以西。

4 日，敌军四千余人向松塔前进。

我军悄悄地集结、隐蔽在广阳南面的山地里。在村落间、树林里、山沟中，战士们怀着紧张、兴奋的心情，期待着打一个和平型关同样的胜仗。除了山风在深谷中、山林间飒飒地吹着之外，整个埋伏地区鸦雀无声，谁也不会想到在这寂静的山林间，有着千百颗火热的心在跳动。

我们从山上隐蔽的地方，可以清楚地看见向松塔前进的敌军；从早晨 7 时起，四千余敌军的步兵和骑兵相间，迟缓而散乱地蠕动着。战士们是多么高兴啊！大家紧张愉快而又严肃认真地准备着瞬息间就要到来的战斗。残暴而愚蠢的敌人，哪里会知道，在他们经过的地方，死亡在等待着他们呢？为了那些罪恶的侵略行为，他们即将受到严厉的惩罚。

夕阳西下，晚霞正红。一阵爆豆子似的枪声，从松塔镇传到广阳村南面的山地上。大部分敌军已经踏进我们布置好了的口袋，黄昏中，隐约地可以看到我军从山间、林中，排山倒海般的一齐杀出。机关枪、步枪、手榴弹、迫击炮，响成一片。硝烟弥漫，火舌流窜，11 月高原上的土地顿时沸腾起来了。

这个突然的打击，使敌军的人马像决了堤的洪水，在山地中东跑西窜。在他们还没有弄清楚打击是从哪里落到头上的时候，已经被打得人仰马翻。有些敌军一面跑，一面盲目地朝天放枪。人和马交互乱窜，在狭窄的山路上互相践踏着。敌人稍微清醒之后，便顽强地组织抵抗。山谷中展开了白刃战，刺刀闪着暗色的光。敌人像垂死的野兽，疯狂地反扑。可是我们的战士决不让他们翻过身来，经过约半小时的恶战，山谷中大部分的敌人被消灭了。河边、山脚、沟底、桥畔，到处流着敌兵的污血。

藏在石崖下的小部敌军还企图顽抗，但是前面受着我军机关枪的扫射，后面受着绕到土岔村和广阳村以北的我军战士的手榴弹的猛打，最后还是从石崖下被轰了出来。他们像被猎人追赶着的野鸡，顾头不顾尾，慌忙地从崖下奔到小河的旁边，匍匐在沙滩上，一会儿又从河边奔回石崖下面，结果还是全部被我军消灭了。

夜幕徐徐下垂，轻轻地笼罩着山谷和村落。盘踞在广阳村里的一小股敌军，也在我军的夜间攻击下，全部被歼灭了。战斗结束后，在村中一栋被炮弹打塌了的房子里，我们发现了一个日本伤兵，他的腿已经不能动了，可是还紧握着枪，企图抵抗，不让我们靠近他。后来，我们的敌工干事向他用日语喊："日本兄弟你缴枪吧，我们不杀俘虏；我们是日本劳苦大众的朋友，你们放心吧，如果你要回家，我们是可以送你回家的。"这样喊过之后，那个日本伤兵才驯服地把枪缴了。

战斗结束了，除了远处偶尔有枪声之外，大地又回复到先前那样的平静，只有一阵阵的血腥和火药味，随风飘过战场。六百多匹战马和数不清的军用品被缴获过来。在我军指战员的脸上，闪耀着胜利的光辉。

虽然我们到此不久，但当地的人民已经清楚地看出这是人民自己的军队。战斗结束后，老百姓争着帮我们抬伤兵，把肩膀压破了，他们也不肯放下来。日军从伪满捉来一百多名"东北伕子"也在广阳战斗中被解放了。他们见到我军时，脸上都干瘦蜡黄，许多人激动地流下泪来，他们说："六年不见中国军队了，今天真是重见天日。"他们同当地群众一起积极地参加战勤工作。有些人当时就要求参加八路军。

广阳战后，我军派出一个支队，星夜向松塔尾追。浓黑的夜，填塞着涧峪，我们用照明弹搜索着敌军的散兵。在胜利的鼓舞之下，战士们克服了夜间道路崎岖的困难，当晚便占领了宜铜铺，进至松塔附近。

从 11 月 5 日到 8 日，由于敌军不断增援，双方在松塔附近的阵地上相持了整四昼夜。在阵地上，我们用战斗庆祝了伟大的十月革命 20 周年。11 月 9 日，我军主动转移至同蒲路南段，准备进行新的战斗。

前线一日[①]

慎重地、周密地按着五万分之一的军用地图，我们两个——陈光旅长和我——研究了一早晨，已经有了一个具体的轮廓了，于是决定今天晚上派一部分部队渡过汾河，袭击义棠镇、两渡镇，并破坏两镇之间的同蒲铁道。

大体决定之后，发电报报告师部，并通知六八六团、补充团及特务团（由晋东南总部调遣过来归我们指挥的），让他们在同蒲路东同时袭击敌人，钳制敌人增援部队，互相配合，以完成此次重要的任务。

早饭后，我们两个带了四个骑兵通讯员，携带军用地图和望远镜，化装成本地游击队的样子出发侦察，在离敌人驻地不远的一带高原上立马展望，一片辽阔的平原，绵延几十里，最远处的树林和天边的浮云连结着。北面是孝义，东北是介休，汾河悠然地流过两县之间，像一条闪亮的带子。两岸大小村庄星罗棋布，周围是绿的麦田和树林。去年以前这一带是繁华安乐的所在，可是现在静寂地躺在敌人的铁蹄下了，一切风物依然，缺少的只是勃勃的生气。我们要使这里活跃起来，怒吼起来！

我们隐蔽着，沿着偏僻小路，或上或下地前进，马走得非常吃力，汗珠贴着皮毛。路过阎家山时，老百姓送来些米汤，他们说，自从敌人来了之后，汾河两岸好久不通往来了，他们见了自己的军队，十分兴奋。从他们口中我们听到了一点敌情，不过都是模模糊糊的。快要出山峡了，大平原已渐渐在面前展开。山峡外汾河东岸，便是两渡镇，那里有一百多敌人，大炮一门，踞守在镇南面的一座堡垒内。

离两渡镇西北五里的地方，遇到了一位耕田的老乡，他用吃惊的眼光望着我们，我们请他当向导，他一路提心吊胆地问：“自从去年以来，从没有

① 1938 年 5 月初，八路军一一五师政治部发起“前线一日”的征文活动，本文为当时的应征稿。

见过中国军队，你们不是游击队吧？大概是八路军吧？”这时通讯员带着马匹，隐蔽在山沟里，向前面去的，只有我们两个和老乡。

汾河叹息着躺在前面，离两渡镇不到四百米远。我们选择了一块便于隐蔽和观察的地方，脱了帽子，用望远镜清晰地观察着：河对面，两渡镇静静地矗立着，从它的足下，伸出两条乌黑发光的铁道。据老乡说，每天上午九点钟和下午两点钟，火车来往一次，因为曾被游击队袭击过两次，所以现在火车到站的时候，连尖锐的鸣笛声都听不到了。我们正在专注地观察，忽然“叭叭”响了两枪，这是怎么回事呢？仔细观察了一会，才知道敌人并没有发现我们。老乡说，两渡镇的石桥上，鬼子做了工事，设置着鹿砦，经常有哨兵守着，遇有老百姓路过，就开枪乱打。

两渡镇距灵石城三十里，距义棠镇三十里，义棠镇北距介休二十里，两个镇都在太岳和吕梁两大山脉的中间、汾河的东岸。同蒲铁路由北而南，弯弯曲曲地穿过两个镇，去年向平型关进发时，曾从这里路过，有时觉得火车快要被两面的峭壁挤住了，但却又笨重地慢慢爬出来。两渡、义棠的石桥，敌人都筑有工事，不能通过。另外，由义棠而南到两渡要经过山坪峪、冷泉村、崔家沟三个村子，都有水浅的地方，可以徒涉。汾河的河面约一百米宽，徒涉时水就浸到小肚子，其余的地方差不多都是软软的淤泥，从来没有人试渡过。

观察快要结束了，远远的山洼里，喷出浓黑的煤烟，随即，沉重的铁的摩擦声也渐渐听得明显了，敌人的军用车由南面开过来，快到两渡站的时候，走得特别慢，果然连汽笛都不鸣就停了下来。车上约有一百多日军，全副武装，刺刀一闪一闪地摆动着，乱七八糟地不晓搬运着什么东西，又交头接耳地和站上的敌军谈话，大概是在探听这一带路上的动静吧。十分钟以后，又纷纷上车，庞大的火车喘息着，像乌龟似的爬着向北去了。

我们沿汾河西岸向义棠镇方向移动，沿途拟定了一个简单的部署：准备以步兵一营、工兵一连今晚袭击义棠镇，破坏由介休至冷泉村之交通，再以该营一部佯攻介休，以阻止敌人增援部队；另一个营则担任袭击两渡镇和破坏冷泉村至两渡间的交通，一方面电告河东的特务团，袭击灵石县下面的夏门。计划就这样决定了。

回来途中遇到六八五团一个到孝义一带捉汉奸的骑兵侦察员，他是先头回去报告的，说是他们穿着以前缴获的日军衣帽，伪装成敌军，到了预定捉汉奸的村子。那里有个大汉奸，以为真的是“皇军”来了，恭恭敬敬地出来欢迎，便被我们出其不意地活捉回来。这倒算是一件滑稽故事，我们又附带问了他一些那里的地形和敌情。上午12时回到旅部驻地，马上把各部队的战斗任务及当晚的政治动员工作传达下去。

下午旅直属队开晚会。我到离驻地三里远的南庄参加教导队的军民联欢大会去了。那里的学员们学习都很努力，精神很饱满，大家也很团结，有两个分队的学员还是从山西抗日决死队和游击队派来学习的干部。联欢会上表演的节目，都是反映关于游击队和反对维持会内容的，另外还唱了一点本地戏，艺术性虽然不很高，但由战士们自编自导自演，到会的学员们和当地的老百姓几百人情绪十分高涨。村长和牺牲救国同盟会特派员也来参加。我顺便和他们谈了谈关于给养和民运工作的事情。闭会以后，我召集他们全体讲话，略述目前抗战形势，勉励大家努力学习。这时，夕阳已经悄悄地躲在西山背后了。

月光是很好的，我独自在空旷的场子上散着步。忽然，轰轰炮声由东南一带传来，这是我们的部队已经按照原定计划袭击义棠两渡了！在巨大的爆炸声里，万山响应着，汾河汹涌着，月儿战栗着，狂风呼啸着，打破了深夜的寂静，激扬起战士的热血……

夜12时左右，我回到了旅部，这时，捷报纷纷传来了：义棠两渡之间炸毁铁桥四座，铁道十余里，两个车站都烧掉了，两渡灵石之间毁坏电线七八里，义棠镇已被占领，两渡镇因敌军固守堡垒，我军未强攻……电话铃不断地呼叫着，我们在胜利的欢呼声中度过了前线一日。

1938年5月15日

大战午城[1]（日记）

1938 年 3 月 14 日

今天是半月来行军作战的一天休息。

下午我们旅直属队和当地的友军、民众进行联欢。久被战争影响而萧条着的勍香镇，今天好像有了点生气，火线剧社的歌舞，台下观众雷鸣似的掌声，把这一带的沉寂打破了，决死队的同志热烈的喝彩，与会的全体军民在欢乐声中更加兴奋了。

近黄昏的时候，忽然接到师部的电令，说是昨天由临汾增到蒲城的敌人，其先头日军五六百已向午城镇前进，在十二点时和师直属队遭遇。我师部警备连占领午城镇东北的高地，抗击敌人，激战两小时，毙敌百余，后因敌后续部队赶到，兵力超过我们十倍，警备连方撤至午城西北高地与敌对峙，以便迟滞敌人西进，掩护我军主力和友军运动至机动位置。并令我旅六八六团迅速赶回义泉镇地区，准备打击西进之敌，粉碎敌人进犯延安之企图。六八五团已与师部隔断，在谙正村、黄头村之线宿营。

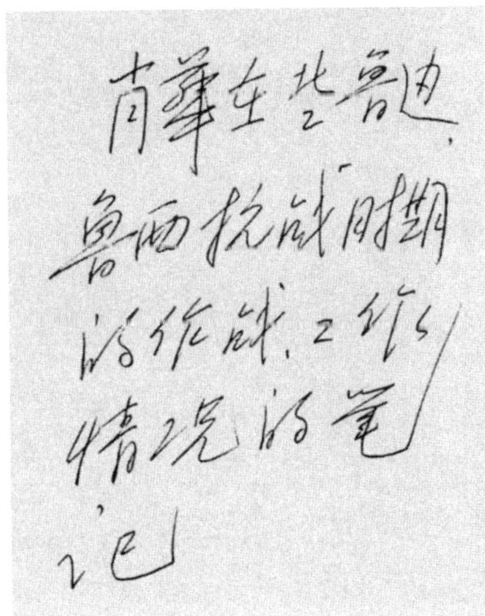

1938 年至 1940 年，萧华在冀鲁边区、鲁西作战、工作情况笔记片断。

正在兴高采烈的会场，突然变得异常紧张，有位小同志从幕布里跳出来，发出一段激昂的闭台词：“敌人又向西进攻了，战争迫使我们今天准备的新剧不能满足诸位的热望，让我们打了胜仗再来开祝捷同乐会吧！”

① 午城镇，在山西大宁县。这些写于当时战地的日记，曾发表于延安的《解放日报》。

老百姓都成群结队的跑到村口欢送我们，他们的脸上很严肃，从那里，看得出他们对我们是怀着如何强烈的关切和热望。

天上布满了乌云，万山丛杂地耸立着，部队沿着山谷向西行进，廿四时到达上儿岭、上下庄之线进行大休息，八个钟头好容易走了白天一日的行程——六十里。

3 月 15 日

天明。部队继续西进，太阳的热力比昨天稍强，道路上被荡起一线黄色的尘土，使大家燥热的不停地流着汗，部队越走越快，两个钟头才行一回休息。

便衣、骑兵、步兵、炮队、行李、骡马蜿蜒曲折十数里，通过义泉镇，十五时到达上下桑峨、下寺徒一带宿营，行程约八十里。

3 月 16 日

四时接师部电令："大宁毛阻山均有友军阻敌西进北上，我军目前应尾击侧击敌人，配合友军消灭该敌，并打击敌增援后续队，滞阻其先头。"

根据师部的意图，部队于七时出发，到马路以北上下龙花一带集结，派出通蒲城、午城的侦察，同时与原派往蒲城马路以南的游击支队取得联络。

旅部到达隐蔽位置时，敌机一架由低空向午城飞去，但没有发现我们。

夜半时，六八五团已转至大宁午城之间，被拦阻在午城的敌十一师团兵站分部，今天西进到罗曲镇时，突遭我军猛烈侧击，两百多敌人，百余匹骡马，没有跑掉一个。

3 月 17 日

大宁的敌人为了掩护他后续辎重汽车西进，派了五六百人，附炮两门，回头来攻我六八五团上下乌落阵地；同时蒲城的敌人也用六辆汽车步兵，护送汽车队西开。但大宁的敌人已被我们六八五团打退了；蒲城出来的敌人和七十多辆汽车来到井沟以西午城附近时，已被我截获六辆；午城的五百多敌人和本日增来的汽车队，已全部陷于我东西夹击的包围中。

午城镇是处于吕梁山脉中南部的山腹，是三条汽车道的交叉点。我们为了配合友军，消灭西进敌人，切断敌人后方联络，使西进到大宁的敌人陷于孤军深入，决心由六八五团及六八六团各一部，强夺午城镇。

六八六团三营的同志，一得到要他们准备攻击的命令，都兴奋得了不得，政治部的同志早已在连队进行了夜战的动员，每个人都抱着誓死必胜的决心。大家提前吃了饭，每个人的左臂都捆了一个白布，在四点钟接到夜袭的命令时，部队便迅速出动了。翻过了两道深沟，飞也似的到达了午城东南的预定集结地。

今天的夜特别黑，敌人似乎是因连日的挨打，比以前稍有准备。八点钟时，六八五团的两个连从东北向午城打来，向北面山上固守工事的敌人展开猛烈攻击，六八六团的第三营，像夜老虎一样从西北向东猛扑，轻易的就将敌人工事据点占领，把街上敌人全部肃清。

敌人的汽车队发抖了，在很狭窄的沟地内发出悲惨的吼叫。手榴弹打得他们车灯不敢开，车道摸不着，在河沟内乱碰乱撞。结果前面的迷失了方向，后面的跟着全部误入我军出击沟地。

七十二辆汽车，三千包大米和许多其他的军用品，全部被我缴获。

十点钟时，北面高地上放出了巨大的火焰，华丽的火舌舐着黑的天空，都是在表示胜利的信号。

3 月 18 日

临汾的敌第八师团（第一〇八师团）星夜西开驰援，六百步兵、两百骑兵和一中队炮兵，在今天六点钟，由蒲城经薛关镇向午城前进。

我们以六八五团担任控制午城镇和牵制大宁可能西进的敌人，六八六团则迅速地在拂晓前赶到佛连里附近集结，以一部分埋伏在井沟张庄以北的各条小沟内，汽车道以南孙家庄的游击支队埋伏在南面的山上。

敌人因前几天吃亏太多，今天行进得很缓慢，一面用火力搜索，一面行进，他们的一兵一枪都被我们看得很清楚了。

十点钟，敌人的先头部队已到井沟张庄，他们看到狭窄的沟地，看到昨天在张庄被我们打死的死尸，忽然的被吓的停止下来，由一路队形变成了二路三路密集队形，并且向东南面山上打了几炮。我们埋伏的部队离他们虽只有两百米远，但并未暴露。

敌人又继续前进了，他们缓缓地走着，像是有点安心了，但两面的山上和沟道里，突然飞出了成群的手榴弹，似雨点样的机关枪弹密集的射了过去，把井沟、张庄的五里长的汽车道上打得灰尘弥漫。

敌人被我们冲得异常混乱，他的先头部队占据井沟、张庄的石崖及井沟、张庄以南的龙王庙与我顽抗，四门大炮猛烈地向我轰击。约一点钟后，敌人的轰炸机六架从东飞来，疯狂的低飞向我轰炸，连续投弹一百多枚，大炮也凶猛地向我射击起来。这时被夹击的敌人则乘机数次猛烈突围与我肉搏，战斗进行得异常激烈。我们指战员在敌人强烈的轰炸炮击下，英勇地向敌人进行肉搏冲杀，打垮了敌人数次的突围。这时我们六八六团的两个营长负了重伤，副营长罗自坚、党的书记肖志坚及营连干部大部都伤亡了，战斗已更加激烈的进入到要决定胜负的时候了。这时共产党员自动地起来代理了干部，鼓动大家向敌人冲锋。

“同志们，不要怕敌人飞机，坚决消灭地面上的敌人；敌人想反攻，我们坚决用反冲锋，用刺刀，用手榴弹解决他。我们不怕牺牲，要争取最后胜利啊！”

敌人的飞机接连来了两次。在下午五点钟，我们汽车道以南的部队，利用居高临下的优势地形，配合北面的主力向敌突击，战士们用刺刀、用手榴弹冲击着那些企图顽抗的敌人，冲杀的声音在山谷中在沟道里激荡着。

黄昏时，龙王庙井沟一带的敌人全部被解决了，五百多个鬼子，把三门炮撇下死去了，便庄的一百多个敌人，也被打死了一大部分。

在浓深的暗夜中，战场的井沟好像大都会的夜市，一堆一堆的火光照耀着搬胜利品的部队，来来去去地忙碌着。两百多匹战马，两百多支步枪，五百多件日本大衣，六百多床毯子，成千上万的子弹和其他军用品，还有那一辆辆汽车，使得搬运的部队一直忙到天明。

3 月 19 日

东方露出了淡淡的鱼肚白，起伏的山峦在晨光熹微中显得傲岸而挺拔。望着行进在山峦中一个个战士的雄赳赳的身影，我忽然想到，他们不也是山么？傲岸、挺拔、勇敢、坚强，迎着狂风，顶着寒流，挺立在祖国的大地上，用自己的胸膛和刺刀筑起了一道不可逾越的长城，保卫着延安，保卫着祖国。在她的面前，敌人“武运”不长久，丧尽“军国魂”，而我们正朝着光明大步前进。

太阳露出了笑脸，新的一天开始了，这一天又是以敌人的失败和我们的胜利开始的……

挺进冀鲁边[①]

挺进冀鲁边，是一一五师主力东进整个战略计划的一部分。毛主席十分重视主力部队东进山东，曾电令我们师尽快东进，深入山东敌后，支援和配合山东当地的抗日武装，发动群众，开辟根据地。根据毛主席指示的方针和党的要求，一一五师和一二九师已经派出曾国华同志和孙继先同志带领的两支部队，于两个月前先进入冀鲁边地区。为了统一与加强两支部队和当地起义武装的领导，中央又决定将冀鲁边部队统编为“八路军冀鲁边抗日挺进纵队”，并决定抽调我们旅的部分机关人员组成挺进纵队的领导机关，继续进入冀鲁边区。

遵照师首长的指令，我们从旅司令部、政治部机关中抽调一些干部，加上宣传队、军工队等人员，组成了一百多人的挺纵司政机关，并迅速做好了进军的准备工作。1938 年 7 月中旬的一个傍晚，我们告别了部队，踏上了东北的征途。

跨过清漳河，越过平汉路，部队进入了冀南。在这里，我们与一二九师部队会合。稍事整理，然后继续东进。9 月中旬，横过津浦铁路，到达了鲁西北的大平原上。

冀鲁边是山东最早发动抗日武装起义的地区。起义后组成的一支抗日武装，在群众的支持下，打了一些胜仗，还打进过盐山县城。部队在战斗中迅速发展到七八千人。但是这支新建的武装毕竟还很年轻，还缺乏武装斗争的经验，在建军作战方面暴露出一些问题。一开始，不少共产党员存在着不愿做官的想法，部队虽是党领导创建的，却把不少重要岗位如团长、营长交给旧军官去担任，甚至特意请来了当地实力派头子刘景良来当部队的司令。这样一来，便给国民党顽固分子的阴谋破坏以可乘之机，军队的领导权逐渐转

① 选自《星火燎原全集》第 16 卷，解放军出版社 2009 年版。

移到阶级异己分子手里。在敌特操纵下，还专门派人去南京领来了“别动总队三十一支队”的番号。下层党的领导与政治工作也很薄弱，部队扩大得太快，许多土匪、流氓、地痞、“白面客”都混进了部队，造成了严重的成分不纯、思想不纯、纪律败坏，最后甚至发展到整连整营的逃亡叛变。这样，一支七八千人的队伍，到曾（国华）孙（继先）两支队到达之前，只剩下二百多人了。本来就不巩固的活动地区，也已缩得很小了。

面对这样的情况，整顿这支部队，使之成为一支真正的党领导的抗日武装，便成了我们会合后的首要任务。首先我们将边区的部队进行了统一整编，将孙支队改编为挺纵的二支队，曾支队改为五支队，原边区的部队编为六支队。对于六支队，我们以坚决的手段，清除了其中的反动分子，调整并充实了党的干部，健全了政治委员制度，派了纵队政治部组织部长周贯五同志担任该支队的政治委员，加强了政治工作，公开发展了一批党员，在连队建立了支部，还调入了许多主力部队的干部。通过这些工作，使这支部队的面貌焕然一新，走上了健全发展的道路。

随后，我们便全力投入了开辟和建设根据地的工作。9 月 17 日，在乐陵城，我们组成了边区的领导机构——军政委员会，并在第一次会议上确定了我们的方针和工作步骤。我们的任务首先是打胜仗，扩大影响；接着便是大力开展群众工作，建设政权，建设根据地；此外，还决定成立干部学校，培养干部。

我们到达边区后打击敌伪的第一拳，便打到了大汉奸牟金城头上。牟金城是边区最早依靠日军的土顽势力之一。他纠集了一千多人，盘踞在南皮县境，天天四出骚扰、抢掠，群众恨之入骨。我们集中了三个支队的主力，以突然行动攻入牟金城的老巢莲花池，将该部全部歼灭。乘着这一胜利的余威，部队全面展开对日、伪军的打击。

随着部队积极作战和地区的扩大，在军政委员会统一领导下，组织了三个民运工作队，开展了声势浩大的群众工作。由纵队政治部主任符竹庭同志率领一组开辟乐陵；区党委委员马国瑞同志、李殿举同志率两组分别开辟宁津、庆云。大批干部被派到新收复的城镇与乡村，建立政权，组织游击武装，建立农救会、妇救会、青救会等群众抗日团体，并坚决实行了民主民生的各项措施。为了满足各地日益增长的干部需要，在原有干部训练班的基础上，举办了抗日军政学校，第一期便培训了青年干部五百多人。在不长的时间里，我们很快便建立了沧县、南皮、乐陵等八个县的政权。这样，在这广大的平原上，在敌人深远的后方，一块新的抗日根据地建立起来了。

10月，正当我们边区根据地初具规模的时候，国民党山东省政府主席沈鸿烈来到了冀鲁边的惠民。

沈鸿烈原是青岛市长。日军入侵山东，韩复榘南逃，这个颇善投机的政客便拉起了一个摊子，打起省政府的招牌，开始了“流亡政府”的生活。他到达鲁西北以后，第一件事便是拉拢地方势力，积极恢复旧政权，以限制我军的发展。沈鸿烈的到来，使我们清楚地意识到，与顽固派的更尖锐的斗争即将开始了。

10月中旬，沈鸿烈派人送来了信，与我会晤。为了坚持团结，我带着三个警卫员到了惠民。

来到惠民旧县府门前，我们还没有下马，只听得一阵吆喝，拥出一大群人来。人群前面直竖着几面五颜六色的大旗，每面旗子的中央都有个大大的圆圈，里面写着粗黑的大字:“刘”“曹”“李”……各自旗子下面站着的人迎上前来，鞠躬点头的、欠身抱拳的，形形色色，不一而足。如果不是前头站着个时装打扮的沈鸿烈和后面那杀气腾腾的护兵们，真使人以为走到京戏的舞台上来了。

进了这个“流亡政府”的客厅，敬茶敬烟、寒暄了一阵，沈鸿烈佯作客套地说道:“萧司令长途跋涉，来到我们山东。远来是客，我们对客军帮助十分不周……”

真是老奸巨猾，开口第一句话便射出了一支暗箭。对于这笑里藏刀的手段必须予以揭露，我当即义正词严地告诉他:“救民族危亡，坚持抗战，是每一支部队、每一个抗日军人的责任，根本没有什么主客之分。”

接着，我借介绍情况之便，当着这些军阀土顽揭露了当地国民党军队和政府人员在日军到来前后贪生怕死、卖国求荣的种种丑行，讲述了我军抗日起义和挺纵东来之后的英勇战斗和辉煌战绩。

沈鸿烈看第一招没有奏效，接着又提出了一连串的问题，如“划分防区”“筹粮统一”等等。对于这些问题，我都在中央历来指示的坚持我军活动自由和自主的原则下，进行了严肃的谈判。

这次会晤，沈鸿烈妄想限制我军活动的阴谋没有得逞，而有些问题却为我们提供了可以利用的合法条件。我们决定利用一些可以利用的机会和借口，如“筹粮统一”等，进一步展开扩大巩固根据地的活动，并散发传单、张贴布告，一直贴到了各个地方实力派的防区里去。

我们也预料到，沈鸿烈绝不会就此罢休的。果然，十多天后，我们接到乐陵县同志的报告，说沈鸿烈正积极地修筑从惠民到乐陵的公路，并不断派人到我区刺探消息。接着，沈鸿烈打算亲赴乐陵，将原乐陵县长牟宜之调离乐陵去任省府的什么“副秘书长”。

沈鸿烈为什么对边区的交通事业如此热心？对乐陵、对牟宜之如此重视？其用心是不难窥见的。乐陵是冀鲁边区富庶的县，是我根据地的基点地区之一。开辟这一地区时，我们在大力发动群众的同时，曾以较大的力量做了上层的统战工作，特别是争取原县长牟宜之的工作。牟宜之是鲁西北少数没有潜逃的县长之一。此人有抗战热情，倾向进步，与我们建立了较好的合作关系，并愿意接受我们的领导，贯彻进步的政策法令。这种情况当然引起了反动派的记恨和不满。沈鸿烈一到，便放出谣言，说什么“乐陵赤化了”，说这个政权“不得人心”等。现在竟要亲自出马，开始他夺取这个县政权的第一步——以“明升暗降”的手段，把牟宜之撤换掉。

这是顽固分子破坏抗战的行为，是我顽之间的一场政权争夺战。这个政治仗必须打胜，但又必须打得有理，打得巧妙。我们几个人商量，决定充分运用我们的政治优势——群众力量，以合法的形式，来进行这场争夺战。

商量妥善之后，符竹庭同志笑着对我说：“搞起来，你在这里可就不方便了。”的确，要是事态如我们所预计的那样展开，我这个角色不好扮演，于是我与牟宜之谈过之后，便到驻盐山的部队去了。

几天之后，同志们向我绘声绘色地描述了这一场“摘县印”的喜剧。

就在我走后的第二天，沈鸿烈带着随员，坐着汽车，气势汹汹地赶到了乐陵城。一开始，他还摆出伪善的面孔，劝说牟宜之接受这次“调动”，马上跟他离开乐陵。可正在他们谈着的时候，门外传来了震天动地的口号声：“维护真心抗战的牟县长！”“反对破坏抗战的汉奸行为！”……成千的人群拥挤在县府门口，决心要留下牟宜之。这浩大的群众声势，使沈鸿烈吓慌了，话没谈完，便强拉硬推地把牟宜之推上汽车，想把人抢走。但是哪里走得掉？汽车一出南门，又被更多的人群迎头堵住了，南门外的公路两旁，男女老少，人山人海，足有一两万人。大家拿着彩旗，呼着口号，有的围住了汽车，向沈鸿烈提出质询和抗议；有的干脆一屁股坐在公路当中，挡住了汽车的去路。此时，沈鸿烈急得像热锅上的蚂蚁，一面擦汗，一面连声喊叫：“快，快，快请萧司令员来商议！”可是哪里能找得到我呢！于是他不得不乖乖地把牟宜之送下车来，然后灰溜溜地走了。

取得了这一政权争夺战的胜利之后，我们又接连对顽固势力进行了一系列的斗争。为了孤立沈鸿烈、刘景良等顽固分子，击破他们组织反共集团的阴谋，争取一部分地方势力抗日，我们与当时抱中间态度的曹振东部和关桥的张国基部建立了联席会议，以我军为中心，每月开会，共商抗日行动。对于勾结日伪、坚决反共的投降派，我们则进行坚决打击，在10月间进行的一次反磨擦作战里，我们一举消灭了盐山的反动武装张仲文部一千余人，打击了投降派的气焰，开辟了盐山四区的工作。

但是，国民党决不肯甘心让冀鲁边变成人民抗日的战场。11月，国民党军高树勋部又从章邱历城地区进入了边区。他们一到边区，便立即建立第二政权，设置招兵站，强编我自卫队，没收我存在民间的枪支，扣留我侦察人员，甚至派人勾结我军部队叛变。对于这些反动行为，我们则坚决予以揭露。但是，因为高部有抗日的一面，且与沈鸿烈有矛盾，因此，我们也很注意对他的团结争取。宁家寨事件便是推动他走向进步的重要契机。

高部进入边区以后，在战术上始终死守着正规作战的一套，不懂也不学游击战。高树勋本人率领着他的直属队和特务团在乐陵城西的宁家寨安下了摊子，积草囤粮，修房缮屋，一住就是四十多天。在一次见面时，我曾当面向他提出过建议，给他指出在当前武汉失守、日军回师敌后的时候，不应该在一个地方久居不动。此后我们也连续给他写过信，请他转移一下防地。但他始终不听，甚至还放出风来，污蔑我们说：“八路军光会逃跑，不敢抵抗！”

就在12月上旬的一天，敌人突然向我挺纵司令部驻地黄夹镇进行突袭。我军有游击战争经验，而且已经摸熟了敌人的活动规律，并建立了群众性的侦察情报系统，当然不会被敌人捕到。敌军扑一空，恼羞成怒，便拿高树勋部出气。第二天拂晓便包围了宁家寨。高树勋突围不成，只好就地抵抗。从早晨打到中午，高的特务团损失大半，围寨有的地方也被突破了。

我们接到高部被围的消息时，天已中午了。本来我们距离他们较远，但还是决定派部队驰援。我们指令五支队派出得力部队，急行军赶赴宁家寨，从北面猛攻日军的侧背。这突然的打击使鬼子手忙脚乱，高树勋乘机带着残余部队突出了包围。

当我赶到的时候，高树勋尚惊魂未定，一见面，忙抓住我的手，连连致谢："惭愧惭愧，愧不听你的劝告，才吃此大亏！"在谈到敌人战术特点和我军对策时，他还说："再打仗，请你指挥我的队伍好了！"

说要服从我军的指挥，这自然是表面的客套之词。不过，我军光明磊落的行动确实给了高部，特别是广大士兵以实际的教育。经过这一事件，高部的态度进了一大步。再经进一步谈判协商，他们承认了我们的政权是边区唯一合法的政权，并把他们在宁津的第二政权改成了工作团，两军订下了互通情报、互相保护后方及伤兵、配合作战的协定。高部的这种态度一直保持到他们离开边区，这使我军在对敌作战与反顽斗争中减少了一个牵制。

武汉、广州失守以后，日军回师大举"扫荡"华北，处于敌人心腹的冀鲁边便成了敌人"扫荡"的重点地区。1938 年 12 月，敌军以数路合围乐陵。我部揭开了反"扫荡"作战的序幕，这次战斗是以黄家庄一战歼敌一百余人而结束的。1939 年 1 月 21 日，敌人出动了五千余人，配合着飞机、坦克，分五路展开了更大规模的合围，我集中六个支队于韩南集伏击，消灭了日军一个大队和一个辎重队。另一部队乘夜袭灯明寺，一举歼灭日军一百多。敌人仗恃着优良的装备和快速部队，欺我平原作战没有依托，妄图以分进合击的战术骗我们离开冀鲁平原。但我们很快熟悉了平原游击战争的规律。大宋家一战，我军与敌快速部队展开了激战，反复冲锋十多次，终将敌军击溃。敌人合击不成，妄想以安设据点达到由点到面的占领，但也遭到我沉重的打击。我军多次袭击灯明寺，打得日军不得不放弃了在这安据点的企图。一个侥幸生还的日本军官对老百姓说："灯明寺去不得。灯一明，死了死了的！"在反"扫荡"作战中，我们小部队的游击活动更是灵活。我们一个营可以在敌区稠密的点线中转战五昼夜，进退四百里，连获三次胜利。我们曾夜袭泊头、栗园车站，一夜破铁路四十余里，迫使敌人一个星期不能通车……

部队的英勇战斗，支持和保卫着根据地。根据地的人民，哺育和支持着自己的武装。觉悟了的边区人民对军队的热爱是令人难忘的。1939 年久旱成灾，两季粮食没有收成，群众和部队不得不以榆树叶和枣糠充饥，但群众哪怕有一点粮，也要省出来送给部队。记得黄夹镇一位老人双手捧着一瓢白面，端到我们司令部来，这面是他留着过年包饺子的，我们当然不能收。几番推让，老人生气了，激动地说："你们记着，只要我们还有一两粮，就有八钱是你们的！”在长期反复的反“扫荡”作战中，拆城、破路、坚壁清野、照顾伤员、侦察敌情、封锁消息……只要他们能做的，总是全力以赴。在这些艰苦的斗争中，动人的故事是叙不尽说不完的。在乐陵，一次敌人合击我挺纵司令部，抓住了一个未及隐蔽的青年农民，强迫他给带路。这个血性青年人看见路旁有一口水井，二话没说，便纵身跳下去。鬼子走后，群众把他救上来，问他为什么投井，他说："要我死可以，要我给鬼子引路打咱们的八路军，不行！”由于群众积极参战参军，部队也迅速得到了发展。到 1939 年年底，整个挺进纵队加上各县的地方武装，已有一万二千多人了。

依靠党中央正确方针的指导，依靠全体指战员英勇奋战和人民群众的全力支持，挺进纵队在紧张的战斗和工作中，度过了这段大发展的日子，发展和巩固了冀鲁边区根据地。从 1939 年末开始，由于敌人疯狂“扫荡”，特别是边区遭到了特大的灾荒，冀鲁边区的斗争进入了极其艰苦困难的阶段。为了分散敌人的兵力，打通边区与外围的联系，调动敌人、减轻边区群众的负担，师部决定将边区的大部主力分批转移到津浦路西和鲁南等地。自此，冀鲁边区斗争遂进入了分散斗争、艰苦坚持的新的阶段。

山东反“蚕食”斗争的胜利[1]

1943年中，敌人对山东之“扫荡”“蚕食”更加频繁，其目的在于巩固其过去“扫荡”“蚕食”成果，企图继续压缩、分割，进而各个击破，最后摧毁我根据地。据不完全统计，这一年内敌人对我津浦路以东各根据地举行的带战役性的“扫荡”“蚕食”共约50次，计千人兵力者26次，二千人者7次，四千人者1次，五千人者3次，万人以上者4次，两万人以上者2次，共使用兵力在16万人左右。按地区言，清河、鲁中最为紧张。以季节言，以春秋两季为主要进攻时间。

在敌人全面性的“蚕食”推进下，我曾遭受损失的地区，计有鲁中的莲花山区、博莱边区，胶东的清崮区、大泽山区，冀鲁边区的第三军分区。但在其他二十多个地区，敌人的“蚕食”却遭我重大打击，如清河区麦季反“蚕食”战役，粉碎了敌“蚕食”小清河北岸的阴谋，并收复了1942年被“蚕食”的清东四边地区。又如滨海区全年反“蚕食”斗争发展至我军攻克赣榆战役，到达最高潮，敌人四周封锁都被击破。在滨海南部保持了原来形势，破坏了敌人企图修筑沿海公路的计划。在北部，我有新的开展。在鲁南，经过歼灭汉奸刘桂棠[2]战役，克复了滕（县）赣（榆）一线及白山、梁邱一带敌伪重要据点后，我基本区已联成一片。鲁中经过三次讨吴[3]大战，也收复了“蚕食”地区。胶东除大泽西区我逐渐恢复了工作外，南海方面较有开展，并策应了滨海地区向北发展。在冀鲁边区虽较为紧张，但下半年也有部分改善，部分地区已恢复了。

在反“蚕食”斗争中，我们反击了敌人，郯城战役，赣榆战役，清河麦

---

① 原载延安《解放日报》1944年7月18日。

② 刘桂棠：山东人，是土匪出身的大汉奸，其部队流窜于冀、鲁、豫等省。

③ 吴：指吴化文部。后来，吴化文在我军解放济南时起义。

季反“蚕食”三次战役出击，鲁中三次讨吴战役，鲁南打死汉奸刘桂棠、刘国桢，这在军事上政治上都予敌伪以严重打击，总计去年我共收复据点 284 个（敌人去年增加 303 个），而今年春又收复了据点岗楼在 500 个以上。

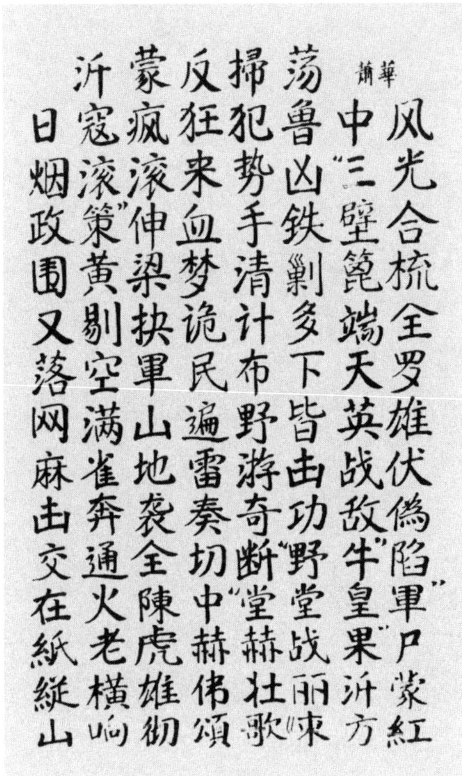

1942 年冬反“扫荡”时期，萧华赋诗《沂蒙反扫荡》

在反“蚕食”斗争中，我们开展了敌占区工作，实行“敌进我进”。去年我们在敌占区开展的村庄共 2000 个以上，恢复地区约二万九千平方里，今年又有新的开展，一般的皆已恢复了 1940 年的情况。鲁中、鲁南、滨海，三个战略根据地，已经扩大了一倍以上。

在反“蚕食”斗争中，我们提高了人民的胜利信心，大大地扩大了我军在山东的影响，丰富了我们的斗争经验，因此我们可以说：去年反“蚕食”斗争我们取得了基本的胜利。

敌人“蚕食”进攻的方向，首先是巩固其交通线，扩大其城镇与经济资源区，同时分割我们。如敌“蚕食”泰山区，其目的一方面是为了巩固津浦线与济南，另一方面又是为了分割我与鲁西之联系；“蚕食”清河则为巩固胶济路与小清河，断我鲁中与胶东、冀鲁边之联系。就地区来说，则先平原而后山地。如“蚕食”冀鲁边后，移兵清河，然后转向胶东西海分区。其“蚕食”重点，则放在我战略要地，去年一年则着重于清河与鲁南，因为清河为冀鲁边、胶东、鲁中联系之枢纽，鲁南为我华北、华中东西交通门户及山东、华中联系的纽带。

敌人进攻、“蚕食”我根据地，是由“扫荡”、分割、封锁、“清剿”几个环节构成的全套办法。如去年 4 月，敌寇两万人对我清河地区大举“扫荡”，安设据点二十几个，掩护其“蚕食”并作为它 6 月间进一步对我“蚕食”的准备。六月“蚕食”，敌曾以局部“扫荡”为先锋。鲁南二月“扫荡”后，安下白彦等据点，实行分割，然后“蚕食”。由此可见，敌人“扫荡”与“蚕食”是密切联系或完全结合的，有时以“扫荡”为手段，“蚕食”为目的。

“蚕食”的第二步，就是分割、封锁、修路、挖沟、筑堡，限止我大部队的活动，驱逐或驱散我军，然后进一步举行“清剿”。如敌人对冀鲁边的“蚕食”进攻，就是这样。它首先修路，挖路界沟，修堡、修岗楼，完成后，进一步的“清剿”合击，企图逐渐驱逐我军，彻底破坏我党政工作。又如在清河，敌人首先完成对小清河的封锁，并企图在黄河两岸筑成四百余里的封锁沟，南北夹击，“蚕食”我广饶、博兴、烟台地区。

分割封锁完成后，即进一步“抉剔清剿”，逮捕我工作人员，实行自首政策。这时，特务活动积极，竭力破坏我地下党的组织，以达到其“确实掌握”占领区之目的。

敌人“蚕食”的这一套办法，有时“扫荡”、分割、“清剿”同时进行，有时又有先后，不能机械地认识，并必须在具体情况下及时提出对策，不然必遭受严重损害。

“扫荡”“蚕食”中，伪军的比重日渐增大，在某些地区，甚至以伪军为主力，或强压伪军单独进行“蚕食”。这一点，在清河最为明显。1943 年 1 月敌“扫荡”清河后，即整编“灭共建国军”，第一师辖八个团，统一大股伪军的指挥；伪保安队则增加 44 个中队（共约 15000 人），总共伪军达 42000 人，成为“蚕食”清河之主力。所以敌人扩编伪军，是对我推进“蚕食”的准备工作，伪军愈多，则向我“蚕食”愈剧烈。又如在鲁中，自吴化文投敌后，伪军骤增万余人，乃向我淄河、鹿崮山区、博莱一带“蚕食”，并向北沂蒙推进，鲁中区形势因之顿形紧张。在滨海区的赣榆一带，敌自扩充伪保安队后，就逼迫伪“和平建国军”李亚藩部离开县城，向我“蚕食”，并以不给粮食为威胁，令其积极至我边沿区活动。

从以上分析，可以看出敌人出于兵力不足，不得不利用伪军；而伪军则多为保存实力，故虽想扩大地盘，但又愁于作战，敌人逼之过急，矛盾必然增加。因此敌人加强使用伪军，又十分便利于我政治攻势威力的发挥。

在“扫荡”“蚕食”中，敌更加发挥全面总力战的性质。首先敌人的特务活动，是贯穿于“蚕食”“扫荡”整个过程中的。“蚕食”开始时，调查了解情况、隐蔽发展伪组织、建立情报网、发展新民会等等，为军事推进作准备。在“扫荡”“蚕食”过程中，特务配合军事，打击袭击我部队，捕捉我干部，破坏我地下组织。在“蚕食”的最后阶段即活动建立伪组织、伪群众团体、情报网、警察所，以巩固其占领地。

其次是谣言攻势。这也贯穿于整个“蚕食”“扫荡”中。“蚕食”开始时，谣言四起，使我兵力疲劳，防不胜防，社会慌乱，民心动摇，以便乘机插入我区，或者声东击西，指南打北。在“蚕食”进行中，谣言更多，如假造某人叛变了，某人战死了，以降低我士气。或者挑拨军民关系，增加我军活动困难，到处散发反动宣传品，张贴布告，写标语，使其占领区面目为之一变。敌人把这种谣言攻势称为“神经战”，并与军事行动密切配合。

为达到其总力战的目的，敌人是不放弃一切可能利用的力量与时机的。自敌人五次“治安强化运动”以来敌伪特别强调“因时制宜，因地制宜”，也就是说敌人在“蚕食”前调查当地风土人情，历史习惯，有会门即企图利用会门，有土匪即企图利用土匪。经济力量，敌人也常常利用，如在我布匹缺乏地区，即宣传“维持会可配给贱价棉布”，并实际以合作社小恩小惠收买人心，或大量倾销法币，造成我区物价高涨，物资外流，给我以经济上的困难。敌人也常常利用两面派，表面与我拉拢关系，暗地进行“蚕食”，“蚕食”成功即任意妄为，显出他的原形。敌人也会趁我政策执行上有缺点或偏差时，片面夸大并巧妙利用之。在利用时机方面，往往乘我打东面时，他就“蚕食”西面，如当我举行郯城战役时，敌便乘机安设石景港、竹墩两据点，这些都说明敌人尽力网罗各种力量，以对付我军，值得我们警惕。

敌寇的“建设作战”，在“蚕食”活动中也充分表现出来。每进驻一地方，即迅速修碉堡、挖沟、修路，同时即进行户口调查，保甲工作，成立伪自卫团、伪组织、情报网、合作社等。所谓“一面进军，一面建设”，“人员物资均事先训练准备好，选择时机全力进攻”。

根据一年来各地缴获敌伪文件所见，敌寇经常地制定定期的“治安肃正”计划，这些计划常以县为单位，以日军为指导，指挥伪军伪组织进行“蚕食”，每期肃正计划规定筑路自某处至某处，筑碉堡若干个，由某部负责至某日修成。这是带着经常性质的“蚕食”，但计划实行中，如遭我坚决阻击，时间过后，也往往陷于无可奈何的不了了之。日照、赣榆敌伪打开沿海公路的计划，就是在我坚决打击下被迫放弃的。

除一般的“蚕食”计划外，敌人常选择重点，集中更大兵力，进行规模更大的“蚕食”进攻，构成集团碉堡，采取鲸吞形式。这多用于战略要地或我突出地区，或在敌人分割、封锁、特务活动大致就绪时。这种“蚕食”事先准备较久，兵力较大，特务也集中使用，其势如狂风暴雨，手段甚为毒辣。今后由于斗争之残酷尖锐，敌人这种鲸吞式的“蚕食”办法可能增加。

但在敌人“蚕食”的过程中，又暴露了他不能克服的弱点，即兵力不足，前紧后松，前实后虚，“蚕食”方向此起彼落。敌人进攻时伪军留守，便于我乘虚打击。分散守备，使兵力更加分散，便于我军各个击破。一年来，我们反“蚕食”斗争攻打敌人据点，时常延长至三四日，敌人虽想增援，但兵力不大，要想集中兵力，又需相当时日，这就使敌人常常出于被动。在季节上，敌人“蚕食”“扫荡”，多利用春秋两季，夏冬则进入防御状态。我则利用夏苗高粱青纱帐与冬季夜长时机，反击敌人，改善阵地，恢复工作，收复失地。敌人这一弱点，去年下半年曾被我抓住痛击。但今年春敌到处收缩据点，似有改善其弱点之企图，我们必须掌握这些规律和提高警惕性，肃清麻痹太平观念，及时的指导斗争。

所以领导斗争，必须认真地研究敌人过去活动的规律，切实地调查当前的敌伪情况，明确地判断今后的发展趋势，坚决而又灵活地确定我们的对策，才能取得反“蚕食”的胜利。反之，不能知己知彼，不能把一般规律运用于实际斗争中去，或主观地认为“敌人在较重要地区安设据点是可能的，但完全‘蚕食’是不可能的”，都将遭受严重的损失。过去徂徕山、莲花山、大泽山、清河四边之被“蚕食”受损失，和滨海等地粉碎敌人“蚕食”计划而取得反“蚕食”胜利，已充分证明了这一真理。

英勇抗战的山东军民[①]

在伟大的抗日战争中，山东抗日根据地和晋冀鲁豫、晋察冀、华中等抗日根据地互相呼应配合，有力地坚持和发展了敌后抗日游击战争，沉重地打击了日本侵略者；大反攻的时候，山东又是我进军东北的重要基地之一。它的战略地位是极为重要的。八年抗战期间[②]，富于革命传统的3800万山东人民和英勇的八路军，在中国共产党领导下，同生死，共患难，粉碎了日寇无数次的“扫荡”，打退了国民党反动派千百次的进攻，用鲜血写下了壮丽的诗篇！

一

抗日战争爆发的前夕，为领导全国人民打倒日本帝国主义，实现民族解放，毛泽东同志就号召全党：为争取千百万群众进入抗日民族统一战线而斗争。抗战爆发，党中央在洛川会议上，根据毛泽东同志的提议，通过了抗日救国十大纲领，决定在敌人后方放手发动群众、开展独立自主的游击战争，建立抗日根据地。党的北方局还号召地下党员：“脱下长衫，到游击队去。”山东党组织根据这些决定和指示，在各地积极建立和发展了“中华民族解放先锋队”“抗日救国会”“抗敌后援会”等抗日团体，在各阶层中间广泛进行救亡活动，为抗日武装起义作了思想上和组织上的准备。

1937年10月，日军大举侵入山东，当地军阀韩复榘闻风而逃。在这风雨飘摇、一片混乱的情况下，从地下和牢狱中走出来的共产党员，从延安派来的红军干部，在山东省委黎玉等同志领导下，挺身而出，带领群众毅然举

① 原载《解放军报》1965年8月28日。

② 八年抗战期间指八年全民族抗战期间。

起了抗日救亡的大旗。当时真是登高一呼，群山响应。抗日的烽火立即在泰山、沂蒙山、昆嵛山，在黄河两岸，在微山湖边和渤海之滨熊熊燃烧起来。人们抱着向往共产党和八路军的心情，怀着对侵略者的高度仇恨，高唱“起来！不愿做奴隶的人们”，踊跃投入抗日的洪流。一时，工人相率离开工厂矿山，农民放下锄头，知识青年走出学校、家庭投笔从戎。兄弟、姐妹、师生、同学联袂入伍的动人事迹，真是层出不穷。

气势磅礴的抗日武装起义遍及全省。主要的有：冀鲁边区的盐山、乐陵等地的起义，文登县的天福山和蓬莱、黄县、掖县的起义，长山县的黑铁山及其邻近地区的起义，昌邑、潍县起义，寿光县牛头镇的起义；山东省委直接领导的徂徕山和附近地区的起义；还有泰（山）西的夏张镇、汶上地区的起义，沂水、莒县、临沂的起义，沛县、峄县、滕县的起义，苏鲁豫边境的萧县、丰县、金乡、永城的起义，以及鲁西北的冠县、馆陶、濮县等地的起义等。

这些揭竿而起的队伍几乎全是赤手空拳的。山东省委领导徂徕山起义的时候只有两支枪，其中还有一支打不响。后来他们收容了五个溃散的国民党军士兵，才增加了五支步枪。络绎而来的农民、学生，大都扛着土枪、长矛、大刀等原始武器。为了装备自己的子弟兵，人民大力捐献经费和枪支。许多妇女拿出金银首饰和多年积攒的体己钱，交给游击队，购买抗日武器。这些和人民血肉相连的起义队伍，虽然武器严重不足，又极端缺乏军事斗争经验，但是从诞生那一天起，就向敌人展开了英勇的斗争。他们攻城夺地，扒铁路，打车站，消灭了许多侵略军和伪组织。天福山起义的抗日游击队，曾冒着大风雪长途奔袭了牟平城，俘虏伪县长以下 170 余人。当天下午他们又在城外的雷神庙和赶来反扑的日军打了一仗，毙伤敌 50 余名，击落飞机一架。泰西人民子弟兵，曾于夜间摸进界首车站，乘敌人酣睡之际，用砍刀杀死不少敌人。后来，山东省委根据党中央的决定，将各地游击队加以改编整顿，建立了八路军山东纵队。这支部队在与日、伪军不断的战斗中，逐渐成长壮大起来，战斗力日益提高，装备也逐渐得到改善。到 1939 年底，他们共作战 2000 余次，毙伤日、伪军 41000 余名，克复过县城和重要市镇 20 座。山东纵队的创立和发展，对于创造山东根据地和坚持山东长期抗战，起了重要作用。

上海、太原相继沦陷后，毛泽东同志指出：在华北，“以共产党为主体

1937年任八路军一一五师政治部副主任兼三四三旅政委的萧华。

的游击战争进入主要地位”[①]，“共产党和八路军决心坚持华北的游击战争，用以捍卫全国，钳制日寇向中原和西北的进攻”[②]。敌后游击战争的蓬勃发展，严重地威胁着敌人的后方，迫使敌人在侵占广州、武汉之后，不得不将其主要力量转向敌后战场。在这样的形势下，党中央决定八路军一一五师主力挺进山东。一一五师在取得威震中外的平型关大捷以后，又战于平定县的广阳镇，歼敌千余。接着进入晋西地区，在午城、井沟和汾（阳）离（石）公路连战皆捷，粉碎了敌人西犯河防、窥伺陕北的企图。1938年，一一五师三四三旅，根据党中央决定进入苏鲁豫微山湖西等地区。9月，我又奉命率一一五师三四四旅一部和一二九师一个营进入冀鲁边地区，与当地起义武装合编。在1938年10月党的六届六中全会上，毛泽东同志提出，派兵去山东。第二年春，当时任一一五师政治部主任以后任政治委员的罗荣桓同志和代理师长陈光同志，率师部和主力一部进入山东。一一五师的到来，对于坚持和发展山东的抗日游击战争，对于建设山东根据地，对于整顿和发展山东人民武装，都起了重大作用，使山东抗日斗争的局面为之一新。山东人民一听到一一五师来了，喜形于色，奔走相告：“老八路来了！”“井冈山的老红军来了！”并且踊跃加入这支久负盛名的部队。日军对一一五师的到来十分恐惧，专门印发了《对一一五师作战研究》。一一五师入鲁以后，发挥了战斗骨干作用，在鲁西、泰西、冀鲁边、湖西、鲁南等地连续给敌人以有力的打击。1939年8月，梁山伏击，我以同等兵力全歼来犯的日军一个大队600余人，缴获野炮两门。梁山战斗后，敌人恼羞成怒，纠集5000多人，汽车、坦克160多辆，在各据

①《毛泽东选集》第2卷，第358页。
②《毛泽东选集》第2卷，第358—359页。

点守备队的配合下，疯狂报复，扬言如果夺不回重炮，就血洗梁山。但是我鲁西军民依托海洋般的青纱帐，大显身手，到处展开游击活动，仅在一次战斗中就击毙敌人200余名，击毁汽车10辆，坦克3辆，终使敌人狼狈撤走。

1939年6月，党中央和八路军总部任命徐向前同志为八路军第一纵队司令员，朱瑞同志为政治委员（朱瑞同志还兼任山东分局书记），统一指挥山东与苏北境内的八路军各部队。到1940年6月，徐向前同志去延安参加党的第七次全国代表大会，离开山东。以后中央就多次指示，由一一五师统一山东的军事指挥。由于广大军民的英勇战斗，山东抗日根据地和人民武装迅速扩大。1940年底，一一五师从一个旅发展到七个旅，共六万余人；白手起家的山东纵队也编为五个旅、两个支队，共五万余人。山东全省共建立了14个专员公署和95个县的民主政权。这一历史事实，充分显示出：党中央和毛泽东同志制定的，主力兵团和地方兵团相结合，正规军和游击队、民兵相结合，武装群众和非武装群众相结合的全民抗战的路线，是一条唯一正确的威力无穷的路线。

抗战开始后，腐败的国民党政府，使山东的大好河山迅速沦于敌手。但

1938年9月，萧华（右一）与徐向前（左一）、宋任穷（左三）、符竹庭（左二）在河北南宫。

是在日军停止了对正面战场的战略进攻以后，国民党顽固派却又乘机钻到山东，在蒋介石消极抗日积极反共的方针指导下，不打日本，专事磨擦。于是，山东我军与日军、国民党顽固派的三角斗争日趋激烈。山东国民党特务头子秦启荣部，惨杀我八路军指战员400余人的“太和惨案”，东北军中的顽固派，惨害我鲁南区党委书记赵铸同志以下40余人的“银厂惨案”等亲痛仇快的事件相继发生。在这期间，我党我军高举抗日民族统一战线的旗帜，根据毛泽东同志提出的“发展进步势力，争取中间势力，孤立顽固势力”的策略，一面团结了抗日民主人士和抗日友军合作抗战，一面被迫对国民党顽固派的无理进攻进行了许多次反磨擦斗争，取得了很大的胜利。这样就进一步发动了群众，稳定了山东抗日斗争的局面。后来，东北军的第一一一师，不满国民党政府的反共、投降政策，光荣转为人民武装。另一部分则在日寇“扫荡”下，狼狈逃出山东。接着我军在冀鲁豫和鲁南地区打退了入鲁反共的国民党嫡系部队李仙洲部。从此，山东国民党的杂牌部队江河日下。除了溃散一些，大部分在国民党“曲线救国”政策指导下，投敌叛国，变成伪军。

二

抗战初期，毛泽东同志就指出：“在游击战争已经起来并有相当的发展之后，特别是在敌人停止了对我全国的战略进攻、采取保守其占领地的方针的时候，敌人向游击战争根据地的进攻是必然的。”[①]1939年开始，日军一方面加强了对国民党的政治诱降，另一方面则集中大量兵力，对付我解放区战场。至1941年初，日军把侵华兵力的百分之六十以上，用来残酷地进攻敌后我军。于是，敌后战场的“扫荡”和反“扫荡”、“蚕食”和反“蚕食”，便成为敌我的主要斗争形式。在华北，敌人连续推行“治安强化运动”，企图用刺刀、警犬、手铐来镇压占领区人民的反抗，用频繁的“扫荡”和“烧光、抢光、杀光”的“三光”政策，结合大规模的“蚕食”，来摧毁我抗日根据地。1939年和1940年，敌人在山东出动千人以上的“扫荡”共25次，其中万人以上的两次；到1941年和1942年则增加到70余次，其中万人以上

①《毛泽东选集》第2卷，第397页。

1940 年在山东。前排右起：萧华、陈光、黎玉、罗舜初。

的 9 次。至于千人以下的“扫荡”和出扰，无日无之，平原地区尤甚。敌人的“扫荡”办法一般多采取“分进合击”，也采取反复平行推进的“梳篦式扫荡”。在多次“扫荡”失败以后，敌人又集中更多兵力，采取大纵深重重包围的“铁壁合围”战术。到 1942 年又发展为更残酷毒辣的“拉网合围”。“拉网合围”是敌人在敌后进行“扫荡”的顶峰。1942 年秋天至 1943 年初，敌人对我鲁中、胶东、湖西、冀鲁边、清河地区，都轮番进行了万人以上的“拉网合围”。

但是，真正的铜墙铁壁是我抗日军民。反“扫荡”作战中，我们依照毛泽东同志所制定的：“主动地、灵活地、有计划地执行防御战中的进攻战、持久战中的速决战、内线作战中的外线作战”等战略战术原则，机动灵活地打击敌人。1941 年冬，敌人以五万重兵，对我沂蒙山区进行了两个月之久的“铁壁合围”。敌人首先袭击了我山东纵队领导机关驻地，紧接着又以精锐三万，在坦克、飞机配合下，从四面八方向我一一五师师部和山东分局驻地留田（临沂北五十余公里）一带猛犯，同时在沂河以东隐蔽地布置了强大兵力，准备诱歼我向东转移的部队。但是敌人的阴谋很快被我识破。我留下部分武装坚持内线斗争，大部分则连夜乘隙跳到西南方向，由内线转到外线作战。敌人合围留田扑空，就分区合围、“清剿抉剔”，企图追踪我领导机关和主力部队，破坏我根据地。这时候，我派出一部兵力，示形于敌，在费县东北的石兰打了一仗。正当敌人跟踪扑来的时候，我一一五师师部又冒着风雪严寒适时转移。第二天拂晓，刚跨过蒙阴至临沂的公路，踏上中心区的边缘的时候，在原驻地响起隆隆的炮声，表示敌人又一次扑了空。一一五师师部秘密回到中心区，指挥转入内线的主力一部，采取伏击、截击等手段，十天打了七仗，毙敌千余；同时配合地方党政机关，发动群众，积极向反复“清剿”大肆烧杀破坏的敌人作斗争。在我广大军民连续打击下，加之我其他地区的部队不断出击，迫使敌人不得不分路撤退。一次规模空前的大“扫荡”终于被我粉碎。

1942年，敌人对胶东区的“拉网扫荡”持续四十多天。除使用了一万五千余名陆军外，还有部分海、空军配合作战。敌人深入我根据地后，就分成许多小股，互相保持火力联系，边压缩，边搜索，白天摇旗呐喊，夜晚沿合围圈点火，控制山头，封锁要道，企图将我压缩到牟平县西南的马石山狭小地区聚而歼之。这时候，我根据地人民群众早做好反“扫荡”的准

1941年春，一一五师领导在山东莒南师部所在地。前排坐者左起：萧华、梁必业、陈士榘、杨尚儒、张雄；后排站立者左起：陈光、赖可可、罗荣桓、王秉璋、王立仁、苏静。

备，利用山头、森林分散隐蔽起来。主力部队除留少数在内线坚持外，大部以营为单位接近敌人，掌握情况，在敌人的合围圈即将形成的时候，突然隐蔽地跳到敌占区或敌人已经“扫荡”过的地方开展游击活动，有力地策应了中心区的反“扫荡”。敌人扑到马石山，才发现我领导机关和主力部队无影无踪。当时有外出执行任务的一个班失去联络，陷于合围圈内。他们为掩护群众突围，往返冲杀数次，最后剩下三个人，在班长领导下，高呼“打倒日本帝国主义！”“中国共产党万岁！”等口号，拉响最后一颗手榴弹，壮烈牺牲！敌人合围马石山以后，又利用胶东主面环海的地势，沿烟（台）海（阳）公路拉成一线，向东平推，直抵成山头。接着又“扫荡”了烟（台）青（岛）公路以西地区。由于敌人兵力分散，纵深单薄，我广大军民用“转山头”“钻空隙”等办法巧妙地摆脱了敌人。

反“扫荡”期间，英雄的山东人民同敌人进行了不屈不挠的斗争。根据地的每个村庄都是坚强的堡垒。妇女、儿童，站岗放哨，盘查行人。战时，群众严密封锁消息，空室清野，使敌人看不到居民，找不到物资，煮饭喝水都发生困难。平原地区的群众，还改造了地形，挖掘了纵横如网的抗日沟（仅清河区就挖了一千五百多公里），使敌人的快速部队无法行动，又便于我

1942 年，一一五师解放山东滨海区朱樊镇。坐者左二萧华、左三梁必业、右二王新兰。

军民隐蔽活动，打击敌人。广大民兵向敌人展开地雷战、麻雀战，或者配合我军伏击，扰袭敌人。各地建立了绵密的侦察网和通讯网，使我军对敌人的情况了如指掌，在作战中发挥了高度主动性和灵活性。群众的热情支援，使我军在连续战斗中，仍有一定的生活保证。我军伤病员大部疏散在群众家中，敌人来了，群众就佯称是自己的亲属，就这样不知掩护了多少同志。敌人“清剿抉剔”的时候，严刑拷打群众，要他们供出谁是共产党员，谁是干部，何处埋藏着物资。然而群众宁肯慷慨就义，也坚不吐露。

山东军民在严酷的斗争中表现了崇高的民族气节和无比的英雄气概，许多气壮山河、可歌可泣的事迹使人永志不忘。1941 年 2 月，津浦路西的一一五师教导三旅两个连，在反“扫荡”中，为掩护领导机关安全转移，和超过他们十数倍的敌人奋战终日，毙敌近千。最后由于日寇施放毒气，我两连健儿全部光荣殉国！ 1942 年 11 月，敌寇五千人合围博山东部的马鞍山，被围的我军一个排和敌人打了两天，给敌重大杀伤。后来子弹打完了，就用石头、刺刀、枪托和敌人死拼。及至敌人蜂拥而来，排长用最后一粒子弹自尽，战士们高呼：“宁死不做俘虏！”一齐携枪堕崖殉国。在山上避难的抗日干部家属冯老先生，目击这一情景，就向全家人说：“不能让敌人活捉了去！”他和他的女儿、儿媳、四个孙子也一同跳入深谷！ 1943 年 11 月，鲁中我军一个连，在敌人飞机大炮猛烈轰击下，凭借险要地形，在岱崮山上战斗十八天，牵制敌人两千余，以伤七人亡二人的代价，取得毙伤日、伪军三百多人的胜利。这样惊天地泣鬼神的英雄事迹，不胜枚举。许多同志的事迹，直到今天还使我记忆犹新。如：比较出色的一等英雄、为革命奋斗十年的平型关战斗英雄蔡克德同志；著名的郯城攻坚战斗中的“飞将军”张桂林同志；指挥机动灵活、作战英勇的四团钢八连连长鄢思甲同志；顽强勇猛如虎、屡经残酷战斗考验的四团特务连副连长徐乐之同志；在甲子山上几个人打垮敌人一个营的“老红军”郝红娃同志；13 次爆炸成功、讨吴伪战役中屡建功绩的李海启同志；19 年矿工出身、曾经在屡次爆炸中杀伤五百多敌人的爆炸“元老”刘觉兰同志；勇敢机智的侦察英雄孟光朋同志；两个人打垮敌人两个连的“单手英雄”（左手已残废）曹橱范同志；在战场上，不顾敌人的炮火英勇镇静地进行火线救护的英雄——卫生员徐忠诚同志；奋不顾身、九次负伤不下火线的青年战斗英雄任常伦同志；屡次以爆炸迅速决定战斗胜利的爆炸英雄马立训同志；打死大汉奸刘桂棠、为民除害的 19 岁的青年英雄何荣桂同志；机警大胆、一个人缴俘敌人一个连的青年战斗英雄安保全同志；优秀的机枪射手、曾经杀死二三百敌人的模范政治工作者和陆房突围的英雄郭金保同志；曾经为党为人民流血13次的战斗英雄张文祥同志；飞檐走壁出没于敌人的火车兵营之间的著名铁道游击队的英雄徐广田同志。除了主力部队中的战斗英雄外，在民兵中也涌现出成千成万的英雄，如：坚持黄庄子四年对敌斗争、作战百次的青年民兵英雄张思孟同志；战斗英雄、荣誉军人、退伍还乡以后仍坚决保卫家乡、保卫人民利益、成为民兵英雄的吴德胜同志；在敌人四面据点之中，坚持河防斗争、始终不资敌、不插枪[①]直到胜利的民兵英雄张秀海同志；全山东驰名的从一支枪三粒子弹发展到四十条枪，并且还缴获过两挺机枪的民兵英雄、爆炸手和著名的民兵领袖臧西山同志；为保卫家乡，废寝忘食研究创造出四种地雷使用方法，每次爆炸都能成功，炸死鬼子24名的“爆炸大王”李念林同志。此外，还有许多杀敌保家的民兵模范村、模范队，特别著名的是南岩民兵英雄队，已成为不仅能够保家自卫，而且能够攻克据点、缴获机枪、大量杀伤敌人和独立进行战斗的力量……这些英雄们的名字和事迹，在山东的战史上，将永远保留光荣的一页，永远不会磨灭的。

经过敌人连续的“扫荡”和大规模的“蚕食”，加上国民党军队的夹击，我根据地受到很大损失，抗日军民遭到严重困难。如南沂蒙纵横不过50公里的地区，在一次“扫荡”中，群众被杀害3000多人，牲畜被抢去万余头，粮食被掠夺160余万斤，民房被毁5000余间。广大人民生活极为困苦。在春天，不少地区群众断炊。鲁中的泰山区和鲁南山区最为严重，军民都杂以米糠、地瓜蔓、树叶、草籽充饥。1942年我根据地面积缩小三分之一，部队减员四分之一；军械、弹药、被服、医药极端缺乏。在某些情况下，有的部队夏天还穿着破棉袄，而冬天却打赤脚。许多部队每个战士只有几发子弹。然而我们并未被这些困难所吓倒，在困难面前变得更加团结，更加乐观。“熬过今明两年，这一难关渡过，胜利就在前面。”[②]“只要百折不回地奋斗下去，最后的胜利必属于我们。”[③]党中央和毛泽东同志的声音极大地坚定了山东军

---

① 不插枪：指没有把枪埋藏起来，没有放弃斗争。

② 中共中央1942年“七七”宣言。

③《毛泽东选集》第2卷，第353页。

民的胜利信心。当时，党中央、毛泽东同志对山东工作的指示，像黑夜里的火炬，为我们照亮了前进的道路。

三

正当山东战场处于最艰苦最困难的关头，刘少奇同志代表党中央到了山东。帮助中央山东分局，总结了抗战四年来的斗争经验，提出了以后的斗争方针和任务，并且对山东的军事、政治斗争，群众工作，统一战线工作，党的工作和根据地建设等各项政策，都作了深刻的系统的指示。这些指示，对于加强山东的工作，胜利地渡过抗战最艰苦的阶段和以后的发展，都具有重大深远的意义，给山东抗日军民以极大的鼓舞。

1943 年 3 月，根据党中央决定，山东实行了党的领导一元化。罗荣桓同志任山东军区司令员兼政治委员，兼一一五师代师长、政治委员，黎玉同志任副政治委员，我任政治部主任。由山东军区统一领导山东我军的主力和地方武装。不久，罗荣桓同志接任分局书记。到 1944 年秋，舒同同志参加了山东分局的领导工作。在以罗荣桓同志为首的山东分局正确领导下，党、政、军、民更加团结一致，继续贯彻了抗战四年总结中所提出的斗争任务，更有力地展开了全面的对敌斗争。这时候，各地区都开展了整风运动，贯彻了精

罗荣桓、萧华在一一五师师部驻地大店的办公室兼卧室。

兵简政政策，实行了主力地方化，加强了小部队建设；再次深入减租减息，进一步调动了广大群众对敌斗争和生产的积极性，开展了以农业为主的大生产运动，加强了军事工业的生产。这些措施，为山东军民克服困难，渡过难关，粉碎敌人的“扫荡”和“蚕食”，恢复和扩大抗日根据地，打下了坚实的基础。

日寇深感大规模的军事进攻，达不到摧毁我抗日根据地的目的，于是又施行了军事、政治、经济、文化、特务等手段密切结合的所谓“总力战”，企图用频繁的“扫荡”和稳扎稳打、逐步推进的“蚕食”政策，以缩小乃至摧毁我抗日根据地。1940 年底，敌人在我根据地周围建立据点 1100 多个，控制公路 5000 公里；1942 年底，敌人据点增加到 2400 多个，公路增修到 7000 公里。1942 年，敌人光在鲁南就“蚕食”了苍山、码头镇和临沂、郯城、邳县广大地区，使我鲁南基本区被压缩成“南北十余里，东西一线连”的严重情况。在平原地区，敌人以据点、碉堡为支点，构成纵横交织的公路网，并沿点、线修筑封锁沟、封锁墙。在冀鲁边区，敌人就建立了 456 个据点，平均每两平方公里、八个村庄就有一个据点，封锁沟、墙加起来共长 1300 多公里，各县、区、乡都被分割成若干碎块，每走 30 公里，要过八条公路、五条封锁沟。真正是:“出门见碉堡，处处是公路”，几乎没有一个村子不被迫向敌人缴粮、纳税。原来的抗日根据地，完全变成抗日游击区，我军活动极度困难。鲁中、胶东、清河、滨海、湖西地区，同样被敌人“蚕食”了大片地区，遭到严重的分割和封锁。

为了打退敌人的“蚕食”“封锁”，山东我军根据党中央“敌进我进”的方针，提出了“翻边战术”（即敌人打进我这里来，我打到敌人那里去），以分散的群众性的游击战争和强大的政治攻势反击敌人，把斗争焦点引向敌占区。1943 年是“蚕食”与反“蚕食”最激烈的一年。敌人的“扫荡”仍旧很频繁。但是，进一步动员起来的千千万万群众，采用各种方式方法，向敌后之敌后进军。结果在这一年，我们共攻克据点 300 余处，开辟了五万平方公里的新区，取得全歼惯匪刘桂棠部和解放郯城、赣榆城等辉煌胜利。

各地民兵在反“蚕食”斗争中进一步发挥了巨大威力。他们用“打、走、散、躲”和“打赚钱仗”等战术，广泛开展了“麻雀战”和地雷战，对敌进行扰乱、围困、伏击、袭击，取得了巨大成绩。特别是地雷战，使敌人无从捉摸，防不胜防。在普遍开展的“飞行爆炸”运动中，民兵把大量的地

1943 年，与罗生特在山东前线。左起：曹秉衡、萧华、罗生特、张凌青、朱明。

雷埋到敌人的交通线上和据点周围，甚至敌人的营房操场里。敌人出动时，走大路大路炸，走小路小路炸，大路小路都不敢走，专走崖头、山岭、海滩和庄稼地。然而这些地方也会响起地雷。有的地方敌人汽车出来，不得不用牛拉着石磙子在前面探路。民兵还用真假雷相结合等办法对付敌人的搜索。敌人起出假雷，真雷立时爆炸。有一次敌人起出几个延期爆炸地雷，带回放在桌子上，围着哈哈大笑，忽然一声巨响，被炸得血肉横飞。

我小部队、武工队的活动，有力地打击了敌人。远在抗战初期，山东就出现过短小精悍的专在敌占区和边缘区活动的小部队。自从加强小部队建设以后，又出现了许多被誉为“怀中利剑、袖中匕首”的武工队、游击队。斗争方法更加丰富多样，规模也更宏大了。在小部队武工队的活动中，鲁南铁道游击队是一面鲜艳的旗帜。他们那种可以在火车急驰的时候跳上跳下的超人本领，创造了许多神话般的奇迹。在津浦路鲁南段和临（城）枣（庄）线上，人们时常看到，急驰的火车突然出轨，车头忽然相撞，满载物资的列车忽然前后脱节。敌人补给前线的武器、弹药、布匹、医药，就这样经过游击队员们的手送往根据地。有时候，敌人赶到出事地点搜捕，然而车皮早已化为灰烬。追到微山湖边，也只看到一片茫茫湖水。这些列车英雄还常常出入敌占城镇，杀敌夺枪，猎取情报，破坏敌人的仓库，捕捉汉奸特务，进行宣传，开辟敌占区工作。愈演愈奇的活动方法，使敌人又怕又恨，千方百计想消灭他们。但是，无论这支游击队进入哪个地区，和他们鱼水相依的群众都会主动严密封锁消息，站岗放哨，使他们避免了多次极其危险的袭击。抗战胜利前夕，这支部队已经发展到2000人，从敌人手中夺回400多个村庄。活跃在沿海地区的海上游击队，经常化装成渔民、船工，以短枪、匕首和手榴弹杀死敌人，夺取物资，破坏敌人的海上交通。有时候他们也挺进敌占岛屿或者潜入敌占海港袭击敌人。敌人常以海、陆、空军配合“扫荡”，他们就潜入交错的河汊和港口，在成群结队的渔船中隐蔽起来。陆地上的武工队、游击队，更是大显身手，活跃异常。从山地到平原，破坏铁路，割电线，平毁封锁沟，消灭敌伪零散人员，袭击小股敌人和车辆，破坏敌人的经济掠夺计划。公路上有时候在悠扬的笙管声中出现娶亲的花轿，专门在狭窄处和敌人的汽车相遇。敌人正欲盘问，花轿里杀出个彪形大汉，和轿夫吹鼓手一起让敌人饱尝一顿子弹、手榴弹。诸如此类的战斗故事各地不断发生，搅得敌人疑神疑鬼，惶惶不安。有的敌人据点就这样在我长期围困下被消灭或者被迫撤走。在群众的掩护下，游击队、武工队经常深入敌人据点附近活动，甚至个别化装进入据点以内，敌人也无法发现。为不让敌人摸清我军的实力，雪地行军的时候，他们都把脚印扫掉，有的干脆在自行车后边拖一把扫帚。夜间在敌占区活动，偶然引起狗叫，就把附近各村的夜犬一齐哄起，以迷惑敌人。在敌占区宿营大都选择在基本群众和与我有关系的群众家中。有时候也到伪乡、保长家中，一面进行教育，一面告诫其不得报告敌人，或者在我走后再去报告。当被敌人发现而又不利于战斗的时候，就灵活转移，一面走一面将人员疏散在群众大海之中，经过三五个村庄，就不见了，使敌“望洋兴叹”。

毛泽东同志在抗战初期就告诉我们：“我们的胜利不但是依靠我军的作战，而且依靠敌军的瓦解。”[1] 我广大军民广泛开展的政治攻势，为军事进攻创造了极为有利的条件。军事斗争与政治斗争双管齐下，使敌人的“总力战”完全破产。我军常常在半夜将敌据点包围，向敌人喊话，或者利用敌人的电话线向日本士兵进行宣传。对伪军的宣传更是丰富多彩，除喊话、“上夜课”以外，还专门编印了大批书刊和小说。为了蒙蔽敌人，封面印的是

---

① 《毛泽东选集》第2卷，第350页。

“说岳全传”，内容是八路军杀敌的故事；封面是“京戏大全”，内容是“身在曹营心在汉”的宣传画或“伪军投诚”“纳粹的毁灭”等。这些宣传品有时候组织边沿区小商小贩传送，有时候武工队去散发张贴，或者由邮局传递，或者仿造敌伪公用信封，利用敌人的传信站送入伪军政机关。我军还开展了伪军家属工作，掀起“索夫唤子”运动，组织伪属到据点去叫回丈夫、儿子。仅鲁中区在1944年中就瓦解伪军6900多人。在敌占区，由于我执行了团结全体人民、保卫群众利益和隐蔽的对敌斗争的方针，在一部分伪区、乡政权和相当数量的伪军中发展了为我们工作的革命的“两面派”，开展了抗日工作。有的村庄在向敌伪送粮前，密告我军前去截拦，或者自己甩个手榴弹把粮食藏起来，然后向敌人报告：“粮食叫八路截去了。”我又指导敌占区群众以掩藏粮食、少报地亩、产量等办法，使敌人的抢粮计划落空，群众利益得到保护。由于对伪军、伪组织的工作卓有成效，1943年，我军利用内线关系赚开了赣榆城门，一举将该城攻克。1944年冬，莒县战斗中，伪军保安大队长莫正明拘捕日籍顾问、教官和伪县长等，率三千余人反正。为了惩治死心塌地的汉奸，实施镇压和宽大相结合的政策，我又开展了红黑点、善恶录的工作。凡暗中帮助我军者，记红点，做坏事的登黑点。记了黑点就向伪军、伪属或敌占区群众广为宣布，屡教不改的予以镇压。敌占区人民被伪军政人员压榨过甚的时候，就警告他们说：“小心八路军给你来几个黑点！”武工队时常黄夜深入敌占区，召集群众讲话，或张贴宣传品，宣传胜利，揭露敌伪暴行，动员抗粮抗捐，建立秘密民兵。敌占区人民在我党我军模范抗日的行动影响下，唱出了充满信心的歌谣：“日本话不用学，再过一年用不着。”有的邀请我军前去开辟工作，更多的人因不堪敌伪的压榨，扶老携幼，络绎迁入根据地。

毛泽东同志指出：“革命战争是群众的战争，只有动员群众才能进行战争，只有依靠群众才能进行战争。”反“蚕食”斗争就是最充分地动员了群众参加的人民战争，终于使敌人在人民群众的汪洋大海里，遭到灭顶之灾。

四

在长期的残酷斗争中，我军不仅没有被敌人消灭，反而愈战愈强，越打越大；根据地建设蒸蒸日上，社会秩序空前良好，政治上一片光明，经济上日益繁荣。而日本帝国主义却在这激烈的搏斗中，遍体鳞伤，不得不由疯狂进攻转入以攻为守的“重点主义”。1944 年，毛泽东同志发出“扩大解放区，缩小沦陷区”的号召，号召敌后军民把敌人一切守备薄弱和在我现有条件下能够攻克的沦陷区，全部化为解放区，迫使敌人处于极端狭窄的城市和交通要道之中。山东军民热烈响应了毛泽东同志的号召，浩浩荡荡地向敌人展开了多次攻势作战。1945 年春，山东虽然增加了大量敌人，但是山东军区仍坚决执行了五、六、七三个月作战计划。结果在胶济路东段两侧地区和临（沂）费（县）地区，消灭了许多大股伪军，扩大了我各个地区之间的联系，有的地方则连成一片。我军在长期战争中积蓄了力量，获得了锻炼，广大游击兵团上升为正规兵团；同时以爆破为主的攻坚技术日益提高，在一年半的局部反攻中，连续夺取了敌伪比较坚固的县城、市镇十余座和大量据点，消灭了日、伪军十余万，收复了广大平原和重要山区。这时，我军由高度分散逐步地集中起来，大大提高了作战的统一性、机动性，因而在大反攻的前夕，处于十分有利的地位，为进军东北创造了有利条件。在那如火如荼的日子里，几位具有高度国际主义精神的外国朋友如希伯、罗生特和今野同志，他们的音容笑貌，直到今天还萦绕在我的脑际。希伯同志是波兰人，为了中国人民的抗战事业，千里迢迢来到我国，长年奔波在硝烟弥漫的山东战场，以锋利的笔，写下了无数战斗檄文，向全世界揭露了敌人的残暴兽行，热情讴歌抗日军民的斗争业绩，为中国人民做了许许多多的宣传工作，最后不幸在沂蒙山区的反“扫荡”中壮烈牺牲，临去世前的一分钟，他还和八路军战士亲密地战斗在一起。罗生特同志是奥地利人，共产党员，著名的泌尿科专家，为了反对法西斯侵略战争，远渡重洋，来中国参加抗战，罗荣桓同志患肾脏病后，他一直跟随一一五师总部，转战山东战场，为罗荣桓同志和部队指战员治病。后又北上，在东北野战军工作，直到全国解放，他才和我们告别。今野同志是日人反战同盟成员，他长年出没于枪林弹雨之中，在火线上，敌人碉堡前沿喊话，开展政治攻势，向日军揭露侵略战争的性质，对瓦解敌军作出了重要的贡献，后来，他不幸在火线上负伤被俘，临死仍然不屈不挠地高呼“打倒法西斯军阀！”他们的崇高国际主义精神永远是值得我们学习的。1944 年 7 月 7 日，在抗战七周年时，我在追悼希伯、今野和抗日阵亡将士大会上，抑制不住内心的激动，即席讲话说：

“七年来我们从敌人手里夺回了广大土地，建立了许多抗日根据地，我们从敌人手里夺取了武装，武装了人民，武装了军队，我们从敌人血腥统治下，拯救了人民，实行了民主，实行了减租减息。这些胜利都是烈士们的流血牺牲、英勇战斗所得来的。我们的每一个胜利，都是与抗日烈士的鲜血分不开的。

“在七年的抗战中，我们不仅牺牲了许多优秀的共产党员，也牺牲了最亲密的国际战友——希伯同志和今野同志。他们为了国际主义的胜利，与我们一同作战。抗日烈士的血和国际友人的血是流在一起的，在这里是分不出是中国抗日烈士的血和国际友人的血，大家一致为打倒日本法西斯而战斗。他们的伟大精神是永垂不朽的，他们将永远活在千百万人民的心中——希伯同志、今野同志，以及许多英勇的同志，都永远在我们心中活着。”

苏联对日宣战，毛泽东同志指出：“对日战争已处在最后阶段，最后地战胜日本侵略者及其一切走狗的时间已经到来了。在这种情况下，中国人民的一切抗日力量应举行全国规模的反攻，密切而有效力地配合苏联及其他同盟国作战。”山东我军立即编成八个师、十一个警备旅和四个独立旅投入大反攻。山东党、政、军、民领导机关号召解放区青年、妇女、各人民团体，分别担任各种战时勤务，号召敌占区同胞组织起来配合我军解放家乡，号召工人举行武装起义，里应外合收复城市。同时以二十万民兵组成子弟兵团，支援前线和维持新解放区治安。分成五路的反攻大军，踏着秋禾灿然的原野，以排山倒海之势，向胶济、津浦、陇海沿线各大小城市猛进。前锋直逼济南、徐州、青岛等城市。我军所到之处，广大青年配合我军报仇雪耻，父老妇孺箪食壶浆，欢迎我军。这时，日本帝国主义虽然已经宣布投降，但是国民党反动派和日伪合流，控制了大城市，阻止我军受降。山东我军立即把反攻矛头转向敌占的中小城市。在一个多月的大反攻作战当中，我收复临沂、曲阜等县城46座，烟台、威海等海口、商埠六处，歼灭日、伪军六万余人。这时，美帝国主义为了帮助蒋介石篡夺抗战胜利果实，企图在烟台登陆。经解放区军民一致声讨和驻军的严正斗争，终于粉碎了美帝国主义的阴谋。为了配合苏联红军反攻，收复东北失地，山东我军根据中央指示，派遣了六万人的主力部队从海上和陆地兼程挺进东北。抗战胜利不久，国民党为了夺取人民抗战胜利果实，挑起了反共反人民的内战，向我解放区展开了大规模的进攻。接着，山东军民又和全国人民一道，英勇地投入第三次国内革命战争。

1942 年，萧华与夫人王新兰在山东滨海朱樊村。

山东的八年抗战[①]是异常艰苦的，斗争是极其复杂的，但是英勇勤劳、坚贞不屈的山东人民，在任何困难的情况下，始终跟着党走，他们对抗战的贡献是十分巨大的。山东抗战的胜利，是在我党的领导下，充分发动群众，并且在这个基础上坚持分散的游击战争的胜利，是有力地打退了国民党反动派反共反人民的进攻，坚持以我党为主的建设抗日根据地，发展人民力量的胜利。总之，山东抗战的胜利，就是毛泽东思想的胜利。在这光荣的八年里，山东我军在毛泽东同志关于人民战争的战略思想指导和山东人民坚决支持之下，作战 26000 余次，歼灭日、伪军 50 余万人。到战争胜利结束的时候，山东除几个重要城市外，已经全部获得解放；我军发展到 27 万人，民兵 50 万人。这一历史事实雄辩地说明：人民群众在共产党的正确领导下，团结一致百折不回地战斗下去，不管面对多么强大、多么狡猾和凶恶的敌人，都是可以把它打败的。毛泽东同志曾指出："捣乱，失败，再捣乱，

① 八年抗战指八年全民族抗战。

再失败，直至灭亡——这就是帝国主义和世界上一切反动派对待人民事业的逻辑，他们决不会违背这个逻辑的。”毛泽东同志还说过：“战争的伟力之最深厚的根源，存在于民众之中。”“人民，只有人民，才是创造世界历史的动力。”山东抗战的史实，生动地证明了毛泽东同志论断的正确。

横跨渤海　进军东北

一

1945年8月8日，苏联对日宣战。苏联红军在斯大林的指挥下，向日本最精锐的“关东军”发起了猛烈的进攻，并予以毁灭性的打击。与此同时，党中央号召中国人民的一切抗日力量举行全国规模的反攻，命令八路军、新四军及其他人民军队，对于一切不愿投降的侵略者及其走狗实行广泛的进攻，迅速地扩大解放区，缩小沦陷区。当时，我正在胶济路前线组织鲁中军区、渤海军区的反攻战斗。8月中下旬，两个军区的指战员们浴血奋战，迅速解放了长山、淄川、博山、莱芜、寿光、高苑、邹平、齐东、青城、昌邑、宁津等县城，并控制了胶济铁路张店至青州段，迫使敌人龟缩在济南、济宁一些大城市里。山东军民气势磅礴的大反攻形势，使得整个山东解放区群情振奋，万众欢呼——全体军民流血牺牲，苦战八年，终于从燃烧的战火中望见了从东方地平线上升起的胜利曙光。

秋季里，正当我军向济南之敌进逼时，突然接到山东军区司令员兼政委罗荣桓同志的电报，要我火速赶回山东军区机关。在这个重要关头命我回军区，显然是有更紧迫的任务。我感到有些突然，当前的山东，还有什么急事能比反攻作战更吃紧呢？……我骑上马，带上一个警卫班，星夜兼程，赶回了军区机关所在地——莒县南的大店，见到了身患重病，仍然躺在病榻上坚持工作的罗荣桓同志。我向他汇报了鲁中军区、渤海军区大反攻的进展情况后，急切地问道：“组织上催我赶回来，有什么急事么？”罗荣桓同志用深沉的目光凝望着我，顺手交给我一份党中央9月11日给山东分局的电报。电报中有这样一段话：“为利用目前国民党及其军队尚未到达东北（估计短时间内不能到达）的时机，迅速发展我之力量，争取我在东北之巩固地位。中央决定从山东抽调四个师十二个团共二万五千至三万人，分散经海道进入东北活动，并派萧华前去统一指挥。”

1945年10月，萧华任辽东军区司令员兼政委。其间，他组织指挥了本溪、鞍山和新开岭三次战役。

事关全局，责任重大，我陷入了沉思。

罗荣桓同志坐在床沿，详细地分析了美帝国主义帮助蒋介石运兵东北，抢占东北的形势。他说：“早在马歇尔来华前，侵占塘沽、秦皇岛的美军，就运送国民党的新一军和新六军，攻占已被我军解放了的山海关和锦州，新一军和新六军都是一式的美械化装备的部队。目前，他们仍然运用兵舰和飞机，源源不断地向东北运兵。而我国的东北地区，你是清楚的，那里物产丰富，工业发达，是钢铁、煤炭的基地，加上交通便利，和苏联、朝鲜接壤，无论从经济上还是政治上着眼，都举足轻重，所以美、蒋最大的目标和最迫切的企图，就是抢占东北三省。我们党中央从长远的全民族的利益出发，迅速作出部署，发展东北我之力量，并争取控制东北。”接着，他谈了我各路大军进入东北的情况，又给我交待了具体任务。“决定派你到东北展开斗争，首先进驻乡村、小城市及部分中等城市和交通线，发动群众，建立地方政权，组织地方武装，建立长白山、南满的根据地。”

中央将这样重大的艰巨任务交给我，我只觉得心底热乎乎的，于是问道：“什么时候动身？怎么个去法？”

罗荣桓同志告诉我：“已经研究决定了：胶东近海，出动迅速，先去六个团，由五师师长吴克华、政委彭嘉庆率领；滨海支队两个团，由支队司令万毅率领；鲁中军区抽调三个团，由鲁中军区政委罗舜初率领，先后出发北上。你带一个精干的指挥机构，注意与他们联系，不要声张，迅速从海上过去。前几天，我已让胶东军区在蓬莱、黄县一带组织海运办事机关，迅速调集船只，准备海上运输。部队一律轻装，尽快出发。另外，为了便于同中央和山东联络，需要带去一个小电台，王新兰去当台长。”罗荣桓同志深情地望着我，放低了语调，“至于你们那个萧雨嘛，月琴（罗荣桓同志的爱人）已经和我谈好了，暂且留给我们，我们走到哪里带到哪里，保证把孩子带好、带大。”

我的女儿萧雨，出生在炮火连天的山东土地上，出生才八天，就离开我们，交给了群众哺育；在反“扫荡”的日子里，跟随部队钻山沟，后来又寄放在群众家里；滨海山区的老乡在山区躲“扫荡”无粥无水，曾蘸着马蹄印里的雨水哺养过她。如今刚满一岁，身膺重任的罗荣桓夫妇又要亲自抚养，我还有什么可牵挂的呢！可虑的是罗荣桓同志肾脏有病，经常尿血，林月琴同志照护他，就已经够累够苦了，现在又要拖上萧雨，在这戎马倥偬的日子里，他们身上的负荷是太重了。我心里十分不安！

两三天内，我们清理了文件，换上了便衣，连公文包、被褥之类的日用品，也全都送了人。从海上进入东北，准备长期地同国民党展开斗争，风险是很多的，我们得从各方面做好应付意外情况的充分准备。

1945 年，在丹东。后排左起：萧华、罗荣桓、吕麟；前排左起：林月琴、萧雨、王新兰。

临走的前一天晚上，罗荣桓夫妇摆了一桌饭，欢送我们。他风趣地说："你们下一步要过艰苦的生活了，我特地炖了一只鸡，为你们饯行！"我们跟随罗荣桓同志多年了，转战南北，栉风沐雨，在患难艰危之中结下了深厚的情谊，眼前要离开他们，要离开我所熟悉的山东革命根据地而奔赴新的征途，依依深情，满眼满怀。翌日清晨，同志们将我们送到村头，我们上了马，月琴怀里的萧雨突然将一双小手伸向我们，连连呼唤："爸爸！妈妈！"接着"哇"地一声大哭起来。牙牙学语的女儿，向来是将"爸爸"和"妈妈"分开呼叫的，今天分别，她竟第一次在呼唤中将我们联在一块。儿女是母亲的连心肉，这一声呼叫，简直将新兰的心都要揉碎了！只见她从马背上跳下来，扑向萧雨，搂抱过女儿，亲了亲孩子的脸蛋，理了理孩子的短发，竟是簌然下泪了……这一切，在场的同志们都静静地默视着，大伙的心也很不平静。然而，战马在嘶鸣，党的利益和人民的利益高于母女之情，新兰同志还是毅然放下哭得泪人似的萧雨，头也不回地上路了。

接连几天的急行军，我们通过了胶济路的封锁线，第四天黄昏赶到了莱阳。胶东军区司令员许世友、政委林浩同志迎接我们，还送给了我们有名的莱阳梨。我们一块研究了渡海事宜。9月底的一天，我们坐上了从日寇那里缴获来的大卡车赶到黄县，和刘居英、吕麟、赵杰、吴瑞林、刘西元等七人在滦家口上了船，升起了渡海的风帆。

二

在汽船很少而必须以小渔船为主的运输条件下，在海盗流窜、社会动荡的年月里，数万大军要在短期间横渡渤海，是一项十分艰巨繁重的任务。

从长期的战争环境里磨炼出来的人民军队，初次面临浩淼的大海，胸怀里充满着必胜的信念。出于战略上的需要，同志们遵照上级指示，脱下军装，换上了青灰衣裤，毡帽，俨然是渔民打扮。许多战士是内地人，第一次见到大海，为了防止晕船，分别带了些急救水（十滴水）和仁丹。船上预备的吃食，是火烧[①] 和咸菜。就凭着这些，一声令下，数万名战士就高高兴兴地下了海，开始了艰苦的航程。

---

① 火烧，北方的一种烧饼。

在海上，我们的战士同样显示了高度的组织性和纪律性。一举一动，一言一行，处处遵从渔民群众的风习。那时节，渔船上有许多迷信讲究的，例如：不能坐在船头，不能坐在系缆绳的桩柱上，不能在船上背手而立，不能言谈间露出个“翻”字，不能将筷子架在碗上……这一切，我们的战士都打问得一清二楚，行船时，无论自己怎么呕吐、晕船，也绝不违犯渔家的规矩。一旦空中出现了国民党的飞机，隐蔽号音一响，战士们就全部躲进船舱，让风帆高扬在海面上，敌人的飞机看不出任何破绽。

在渡海期间，因为船只大小不一，动力不同，加上有的从龙口出发，有的从滦家口出发，所以往返时间极不一致，一般的需要三四天，如遇恶劣的天气则需要更长的时间。

正当我们在海浪中行进的时候，因为国民党有将近五十万大军从平绥、同蒲、平汉、津浦向平津、东北前进，刘少奇同志便主持中央书记处开会，并取得当时在重庆的毛泽东、周恩来同志的赞同，向全党发出了“向北发展，向南防御”的重要指示，并决定派陈云、彭真等领导同志急赴东北，统一领导。同时决定派罗荣桓同志率领山东主力五万人，黄克诚同志率领新四军第三师三万人，连同其他地区各部队共十万大军，大规模地从海、陆两路不失时机地急驰东北。

在渡海期间，战士们经受了严峻的考验。其中有一个侦察排，乘了一艘帆船，被风浪吹离了船队，在外长山岛以东的海面上触了礁。二十多名战士与船工互相救援，互相帮助着跳上一块露出海面三四尺高的礁石上。他们举目四顾，只见海天茫茫，除了在风浪里吱吱乱叫的海鸥，过往的船只连影儿也没有。夕阳西沉，夜幕降临了，蓝幽幽的海波闪着青粼粼的暗光，层层叠叠，包围着这些又冷又饿的人们。夜深了，他们用破船板在礁石上燃起了火，希冀用通红的火焰向远方的过往船只发出求救信号，结果也失败了。当船板化作灰烬的时候，寒冷的海风又威逼着他们，长夜漫漫，星光闪烁……好不容易熬到拂晓，大海又涨潮了，汹涌的海水无情地向礁石猛扑，渐渐的，露出海面的礁石只剩尺把高了，冰凉的海水不断地溅在身上，同志们挽臂并肩，对着连连扑来的海浪，互相勉励，像礁石一样坚强地屹立着……

或许是“精诚所至、金石为开”吧，海面上有奇迹出现了：远远的波浪间，一星黑点愈来愈显——是一只渔船，直向礁石上的人们驶来了！这是一只救生的船啊！二十多个人直揉眼睛，生怕是错觉酿成的幻影。

奇怪的是，当渔船驶近孤礁，看得清礁石上站立着许多人时，停住不动了。同志们呼唤起来：“快来呀！我们触礁了。冻了整整一夜啦！”给同志们撑船的几位渔民声音更粗犷，更洪亮，“快摇过来呀！这是开往东北的八路军，咱们自己的队伍。”可以听见，渔船上的人在争论着什么，没有给孤礁上回话的意思。有一个四十大几的渔民，大约发急了，“老乡啊！救人一命，胜造七级浮屠，我们这么多人哪，你们能忍心见死不救么？！”

这时，船头上一位穿长袍的（大约是船主）发话了：“实在对不起，我们是商船，舱里载满了货物，对诸位，是爱莫能助呀！”那人说罢，拱了拱手，就吆喝着渔船绕开礁石赶路。

啊！这简直是晴天霹雳！同志们目瞪口呆，面面相觑。那位年长的渔民说话了：“什么商船？！骗鬼！这是渔霸到东北发‘洋财’的船只。”那时候，日本宣布投降，敌占区兵荒马乱，胶东沿海经常有去东北捞外快的船只。奇怪，那艘渔船没有启动，反倒张扬起一片争吵声，那个穿长袍的指挥不灵了。撑船的渔民是穷苦人，眼见自己的队伍遇了难，怎能够听船主那灭绝人性的摆布呢！正在船上五六个人闹得不可开交的时候，礁石上的同志们商量了一下，向渔船发话了：“老乡啊，日本鬼子虽然投降了，可东北的父老兄弟还在受苦呀，咱们都是中国人，要以大局为重！你将船上的货物统统抛下海，救我们北上，登岸后，我们八路军赔偿你所丢下海的全部损失……”面对这些肝胆照人的刚强战士，面对船上的穷苦渔民，汗流满面的船主只得将舱里的货物抛入海底，二十余名历尽劫波的勇士获得了重生。到了东北，同志们如数赔偿了船主丢在海里的损失，船主愧悔难当，差点掉泪了。

此次渡海北上，共历时两个月余，除损失一只船，渤海军区第五军分区副司令员石潇江等三十余同志不幸在狂风巨浪中翻了船，为解放东北而壮烈牺牲外，其他同志分别在安东（今丹东）以南，大连以北之皮口、庄河、孤山登陆，全部安全地到达了目的地。胜利地完成了由海路进军东北的任务。对我们革命战士来讲，在这里完全可以用“碧海丹心”四个字来概括：他们以顽强的斗志和毅力，甚至以鲜血和生命，在我军斗争史上第一次实现了以木船渡海的战略决策。

三

数万大军之所以能顺利地越海北上，胶东沿海的广大群众是起过极为重要的作用的。

9月间开始海运的时候，共动员了小汽船三十余只（每只可载七八十人），小帆船一百四十余只（每只可载二三十人）。部队数万人所着的冬装，所更换的便衣，是沿海群众赶作的。仅是龙口码头工人听到工会的号召后，就献出了五百多件衣服。工会主任马盛亭，心急于支援部队，又苦于家贫无衣，索性将身上的一套新夹袄脱下献出了。马主任回到家里，他那位讨饭出身的妻子纪春兰非但不埋怨丈夫没了新衣，反是笑逐颜开，夸赞丈夫做得对，做得好。过海部队携带的火烧，全是沿海的大娘、姐妹们赶烙的，千家万户，推磨罗面，万千盏小油灯辉映入海，仿佛是劳动人民赤忱火热的心……渡海北上的干部中，也有一些人将自己的孩子留给沿海群众代为哺育的，直到全国解放，才由孩子的父母重新领回。我们部队在龙口上船的时候，当地组织了民兵，码头上组织了工人纠察队，分别将那些与日本侵略者有瓜葛的嫌疑户监视了起来，日夜巡逻，保证了部队的安全行动。

渡海部队由蓬莱的滦家口，黄县的龙口等地出发，至辽宁的庄河等地登陆，其间航程二百多海里。为了打破美蒋的海上封锁，部队除了夜间起船外，并派出少量部队控制了长山列岛的各岛屿，沿途设立兵站，与当地群众共同保卫海运安全。航船每至一岛，群众就主动送茶送水，热情慰问。长山岛特区工委的书记王永利同志，有一天看到一只帆船到了长山岛，忙带着警卫员小田上去看望，没料想这是一船流窜至此的伪军，他们扣押了王永利和小田，劫持到青岛。后来，王永利同志壮烈地牺牲了。胶东沿海的党组织，在护送部队北上渡海中作出了巨大的贡献。

记忆犹新的还是地方同志护送我们几位同志渡海的情景。

我们在黄县换了便衣，从滦家口下船，先到长山岛，找到县大队了解了有关情况，准备一天一夜赶到目的地。“无风三尺浪，有风浪三丈”，那天黄昏刮着六七级西北风，警卫班与我们分乘两条机帆船，下海起航。长山岛对岸的蓬莱阁巨石上有四个斗大的字：“海不扬波”。甲午之役，石上的“不”字为日炮击毁，仅留下半个。莫非是毁了“不”字，大海便扬波了罢，海浪好狂好猛哟！机船上颠下簸，左晃右摆，一会儿被海浪推上峰顶，一会儿又被抛入谷底，一番颠簸之后，人们的头上都像套上了紧箍圈，疼痛、眩晕、恶心，似乎五脏六腑都在搅动。许多人大口大口呕吐起来，先是饭菜后是水，最后连胃液都吐了出来，嘴里又苦又涩。大家脸色煞白，头重脚轻，有的甚至昏厥过去。暮色中穿过大黑山岛与长山岛之间的珍珠门的时候，哪里能看到银光熠熠的“珍珠”哟，满眼是连连不断的惊涛骇浪。凉风掠耳，千涡流沫，似野马奔腾，似恶兽群扑，我们都是第一次乘船渡海，哪见过这样惊心动魄的场面。前面那个机船上的船老大有点着慌了，站在船尾给我们挥手，意思是要调船头往回折。站在我们船头上的船老大，是地方组织特意派来护送我们的某个县的负责同志，他曾在海上打过游击，三十多岁，中等身材，瘦削的身板钉立船头，迎着扑面而来的浪花，钢浇铁铸一般。只见他用手圈个喇叭筒，对前面喊道：“千万不能回头！当心见海龙王！”风声浪声，吞没了他的喊声，他便连连打手势，要对方逆浪而进，勇往直前。……就这样，在他的指挥下，两条机船一前一后，像逆风穿云的两只雄鹰，奋勇地闯过了珍珠门。当我们长长地舒一口气的时候，我们的船老大回过头来望着我们，露出一口白亮亮的牙齿，笑了：“同志，让你们受惊了！”

舱里有人问他：“方才风浪那么险，为什么不能回头？”

他答道：“珍珠门是在风急浪高时形成的一股旋涡水，很厉害的，一回头就可能沉船，早年在这儿还沉过一艘兵舰呢。”他见同志们呕吐得厉害，又说：“咱们的船人少，分量不够，压不住浪，待会儿到了砣矶岛，我们压它几千斤石头块，船会稳当些。”这是从万顷风浪里闪现出来的多好的一位同志呀，可惜我没记住他的姓名，也没有询问他是那个县的。

那个晚上，风浪太大，我们在砣矶岛住了一夜。在那个年月里，岛子上的渔民的生活是很苦的，为了养家糊口，男子汉一叶小舟，外出打鱼，往往为无情的浪涛所吞没，死后连尸骨也收不回来，所以岛子上哀声时起，寡妇很多，荒凉的墓前往往只立一块砖，写着亡者的姓名。我所住的那户渔家，房主人就持酒狂饮，而且用酒礼让我们，他感慨地说：“我们出海，说不准哪一天就葬身鱼腹了，混一天算一天罢。”我们的劳动人民，在国内外敌人的统治压迫之下，无论陆上海上，生活都是艰难而凄苦的呀！此情此景，更激励了我们渡海北上，争取早日解放全中国的信念和决心。

解放战争时期萧华在东北

下半夜风小了，我们给船上加了几千斤重的石块，继续前进了。……将到目的地的时候，秋阳和煦，碧波粼粼，一群群二三尺长的大鱼，从我们的船舷旁鱼贯而过，在这鱼汛期里，十余里内一派鳞光，烁动眼目，这是多么壮美的景致呀。见惯了川原沟壑，披惯了战火烽烟，而今在征服风浪之后，悠然间又在祖国的大海上逢见这样壮观的美景，直觉得眼睛明亮，心胸也更加开阔了。

啊！雾幕开处，隐隐约约地望见大连了，离我们的目的地也不远了。望着船老大结实的身姿，我忽然想起了神话传说中的“八仙过海”。八仙过海的所在地，据说是从大黑山岛至蓬莱阁的那一段海路，他们各自凭仗手中的宝贝，或铁拐，或葫芦，或玉板，充其量也才行了十海里的水程。而我们的军队，数万人在短期内横渡二百多海里的海面，凭依的是什么“宝贝”呢？是人民群众！有真心实意拥护革命的千百万群众，我们党所领导的八路军就是真正的“八仙”，任何艰难险阻都是可以战胜的。

我们先遣部队到达东北之后，我激情难抑，乘兴写下了这样的诗句：

鞭炮喜传日寇降，
红旗飘渡军容壮。
雄师挥戈别蓬莱，
飞舟劈波斩巨浪。
关东净洗亡国耻，
扬眉吐气庆解放。
松江揩泪起歌舞，
白山昂首笑东洋。

转眼间，37年过去了。翻检旧诗，回首往事，我怀念那些英勇的战士和忠诚的父老乡亲，向往那峥嵘璀璨的战斗岁月和激荡人心的大涛大浪……

1957年，在北京接见荣誉军人文艺演出队。右起：彭德怀、贺龙、叶剑英、萧华。

1980年，萧华在兰州军区

1984年，萧华在北京西山

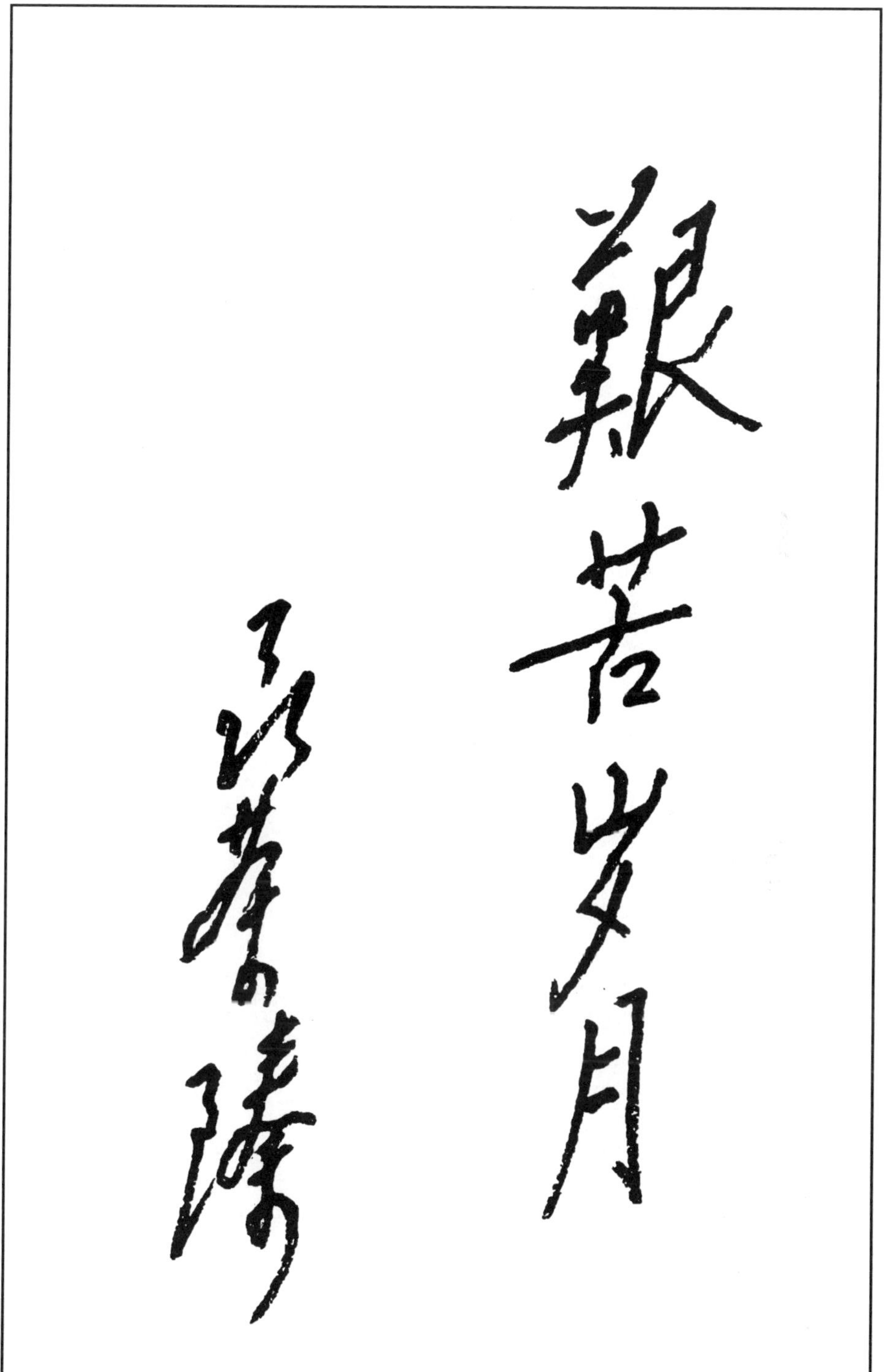
艰苦岁月

附录一　长征组歌（1965版）

红军不怕远征难

作词：萧华
作曲：晨耕、生茂、唐诃、遇秋

1. 告别

红旗飘，军号响。
子弟兵，别故乡。
红军主力上征途，
战略转移去远方。
男女老少来相送，
热泪沾衣叙情长。
紧紧握住红军的手，
亲人何时返故乡。
乌云遮天难持久，
红日永远放光芒。
革命一定要胜利，
敌人终将被埋葬。

2. 突破封锁线

路迢迢，秋风凉，
敌重重，军情忙。
红军夜渡于都河，

固陂新田打胜仗。
佯攻汝城占宜章，
跨过潇水抢湘江。
三十昼夜飞行军，
突破四道封锁墙。
围追堵截奈我何，
数十万敌军空惆怅！

3. 进遵义

苗岭秀，溪水清。
百鸟啼，报新春。
乌江天险挡不住，
娄山刀坝歼敌兵。
遵义会议放光辉，
全党全军齐欢庆。
万众欢呼毛主席，
工农踊跃当红军。
英明领袖还掌舵，
革命磅礴向前进。

4. 入云南

横断山，路难行。
天如火，水似银。
亲人送水来解渴，
军民鱼水一家人。
横断山，路难行。
敌重兵，压黔境。
战士双脚走天下，
声东击西出奇兵。
乌江天险重飞渡，
兵临贵阳逼昆明。

敌人弃甲丢烟枪，
我军乘胜赶路程。
调虎离山袭金沙，
毛主席用兵真如神。

5. 飞越大渡河
水湍急，山峭耸。
雄关险，豺狼凶。
健儿巧渡金沙江，
兄弟民族夹道迎。
安顺场边孤舟勇，
踩波踏浪歼敌人。
昼夜兼程二百四，
猛打猛追夺泸定。
铁索桥上显威风，
勇士万代留英名。

6. 过雪山草地
雪皑皑，野茫茫。
高原寒，炊断粮。
红军都是钢铁汉，
千锤百炼不怕难。
雪山低头迎远客，
草毯泥毡扎营盘。
风雨侵衣骨更硬，
野菜充饥志越坚。
官兵一致同甘苦，
革命理想高于天。

7. 到吴起镇
锣鼓响，秧歌起。

黄河唱，长城喜。
腊子口上降神兵，
百丈悬崖当云梯。
六盘山上红旗展，
势如破竹扫敌骑。
陕甘军民传喜讯，
征师胜利到吴起。
南北兄弟手携手，
扩大前进根据地。

8. 祝捷

大雪飞，洗征尘。
敌进攻，送礼品。
长途跋涉足未稳，
敌军围攻形势紧。
毛主席战场来指挥，
全军振奋杀敌人。
直罗满山炮声急，
万余敌兵一网尽。
活捉敌酋牛师长，
军民凯歌高入云。

9. 报喜

手足情，同志心。
飞捷报，传佳音。
英勇的二、四方面军，
转战数省久闻名。
历尽千辛万般苦，
胜利会聚甘孜城。
踏破岷山千里雪，
高歌北进并肩行。

边区军民喜若狂，
红旗招展迎亲人。

10. 大会师
红旗飘，军号响。
战马吼，歌声亮。
铁流两万五千里，
红军威名天下扬。
三支劲旅大会师，
日寇胆破蒋魂丧。
军也乐来民也乐，
万水千山齐歌唱。
歌唱领袖毛主席，
歌唱伟大的共产党。

11. 会师献礼
顶天地，志凌云。
山城堡，军威振。
夜色朦胧群山隐，
三军奋勇杀敌人。
火光万道迎空舞，
霹雳一声动地鸣。
兄弟并肩显身手，
痛歼蒋贼王牌军。
旭日东升照战场，
会师献礼载功勋。

12. 誓师抗日
日寇侵，灾难深。
国民党，当逃兵。
红军集结陕甘宁，

抗日风暴卷烟云。
呼吁停战驱日寇，
我党宣言普天应。
军民怒火千万丈，
挥戈誓师大进军。
排山倒海风雷起，
解放祖国遍地春。

附录二　萧华生平年表

1916 年 1 月 21 日　在江西省兴国县潋江镇东街萧屋村“大夫弟”萧家祠堂出生。

1922 年（6 岁）就读兴国县萧氏宗族学校赤墈小学。

1926 年（10 岁）秘密加入中国共产党外围组织“赣南青年干社”。

1927 年（11 岁）从赤墈小学毕业，入平民子弟学校忧道学校继续学习。

1928 年（12 岁）考入兴国县县立平川中学。12 月加入中国共产主义青年团。

1929 年（13 岁）任江西兴国城区特支委员、共青团兴国东北特别区委书记、共青团兴国县委委员。4 月，入毛泽东在兴国举办的土地革命干部训练班学习。12 月，任共青团兴国县委书记。

1930 年（14 岁）3 月，调入中国工农红军，任中共红四军军委青年委员。6 月，红四军特务营三连政治委员。7 月，转为中国共产党党员。

1931 年（15 岁）5 月，任红四军特务营政治委员、党委书记。秋，任红一军团第四军第十师第三十团政治委员、党委书记。

1932 年（16 岁）5 月，任红一军团无线电队政治委员。9 月，任红一军团政治部青年工作部部长。

1933 年（17 岁）1 月，任红军总政治部青年工作部部长。9 月，任中国工农红军少共国际师（即红五军团第十五师）政治委员、党委书记。11 月，任红五军团第十五师政治委员（习惯仍称“少共国际师”）。

1935 年（19 岁）缺席当选为共产主义青年团国际第五届执委会委员。1 月，任红一军团政治部组织部部长。7 月，任红一军团第二师政治委员、党委书记。10 月，任红军陕甘支队一大队政治委员。12 月，任红一军团第二师政治委员、党委书记。

1937 年（21 岁） 8 月，任八路军第一一五师政治部副主任。10 月，任八路军第一一五师三四三旅政治委员。

1938 年（22 岁） 5 月，任八路军东进抗日挺进纵队司令员兼政治委员、冀鲁边区军政委员会书记。

1939 年（23 岁） 11 月，任鲁西军区司令员、鲁西军政委员会书记兼讨逆野战军政治委员。

1940 年（24 岁） 6 月，任八路军第一一五师政治部主任。

1941 年（25 岁） 9 月，兼任山东军政委员会委员。

1943 年（27 岁） 3 月，任八路军一一五师暨山东军区政治部主任、中共中央山东分局委员。

1944 年（28 岁） 1 月 10 日，山东战时行政委员会决定成立济南抗日民主政府，萧华任市长。

1945 年（29 岁） 10 月，任东满临时指挥部司令员兼政治委员、辽东军区司令员兼政治委员、中共中央东北局委员、中共辽东省委书记。

1946 年（30 岁） 1 月，任辽东（南满）军区政治委员。7 月，任辽东（南满）军区司令员兼政治委员。12 月，任中共中央南满分局副书记、辽东（南满）军区副司令员兼副政治委员。

1948 年（32 岁） 4 月，任东北军区前方第一指挥所政治委员。8 月，任东北野战军第一兵团政治委员。12 月，任第四野战军特种兵司令部司令员、党委书记。

1949 年（33 岁） 4 月，当选为中国共产主义青年团中央委员。4 月，任第十三兵团政治委员（因中央确定其 4 月率团出席第二届世界青年联欢节活动而未到任）。8 月，当选为第二届世界民主青年联盟理事。10 月，任中国人民解放军空军首任政治委员兼政治部主任。

1950 年（34 岁） 4 月，任军委总政治部第二副主任兼组织部部长。

1951 年（35 岁） 中央军委直属总党委第四书记、军委直属总党委书记。

1952 年（36 岁） 3 月，任中共中央纪律检查委员会委员、副书记。

1954 年（38 岁） 当选为第一届全国人民代表大会代表。11 月，兼任解放军政治学院第一副院长，并在建院初期担任学院党委书记、第一书记。

1955 年（39 岁） 9 月，荣获八一勋章、一级独立自由勋章、一级解放勋章，被授予上将军衔。

1956 年（40 岁） 9 月，在中国共产党第八次全国代表大会上，当选为中央委员。任中共中央监察委员会常委、副书记。9 月，任中央军委委员。12 月，兼任中国人民解放军总干部部部长。

1957 年（41 岁） 2 月，兼任中国人民解放军监察委员会副书记。

1959 年（43 岁） 9 月，任中共中央军委委员。10 月，任中央军委副秘书长。

1960 年（44 岁） 10 月，任总政治部党委书记。

1961 年（45 岁） 1 月，任中国人民解放军总政治部副主任、总政治部党委第二书记。

1964 年（48 岁） 5 月，兼任中国人民解放军监察委员会书记。7 月，任中国人民解放军总政治部主任、总政治部党委书记、第二书记、书记。

1965 年（49 岁） 1 月，当选为第三届国防委员会委员。

1967 年（51 岁） 3 月，任中央军委常委。9 月至 1974 年 9 月，受迫害，被关押。

1975 年（59 岁） 8 月，任中国人民解放军军事科学院第二政治委员、院党委第三书记。

1977 年（61 岁） 4 月，任中国人民解放军兰州军区政治委员、军区党委书记。6 月，兼任中共甘肃省委书记，任中国人民解放军兰州军区第一政治委员、军区党委书记、第一书记（1979 年 2 月起）。8 月，在中国共产党第十一次全国代表大会上，当选为中央委员、中央军委委员。

1978 年（62 岁） 当选为第五届全国人民代表大会代表。

1982 年（66 岁） 9 月，在中国共产党第十二次全国代表大会上，当选为中央委员。12 月，任中国人民解放军兰州军区政治委员、军区党委第一书记（1979 年 2 月起）。

1983 年（67 岁） 6 月，当选为政协第六届全国委员会副主席。

1985 年（69 岁） 8 月 12 日，在北京逝世。

后　记

去年，上海文艺出版社的同志对我说，为了向广大青少年进行革命英雄主义教育和革命传统教育，为了向从事党史、军史研究工作的同志提供资料，他们打算约请一些经历过长期革命战争的老同志撰写回忆录，计划出一些专集。我赞同他们这个计划，因为他们在做着一件十分有意义的工作。他们也热情地邀我写点东西，盛情难却，老战士的责任心也在激励着我，于是，在工作之余，我整理了这个册子。

翻拣旧篇，心潮起伏，回首往事，浮想联翩。呼号呐喊、战火硝烟、冻馁忧患、冲锋陷阵、流血牺牲……那是些怎样的艰苦岁月呵！然而，正是那些艰苦的岁月，才孕育了我们今天的鲜花、欢笑和歌声。

中国革命，在中国共产党诞生之后，开始了历史的新纪元。为了掌握民族的命运，阶级的命运，六十多年来，中国共产党领导着全国各族人民，走过了一条异常艰难曲折的道路。在这条漫漫征途上，我们承受了战火的洗礼与考验，付出了巨大的代价和牺牲。我们有着因错误挫折而造成的惨痛记忆；我们有过为胜利而欢呼的最激动人心的时刻。战争年代，我们的生活是艰苦的，我们的斗争是艰苦的，我们的工作是艰苦的。革命在艰苦中发展，在艰苦中前进。中国革命的艰苦曲折也如同她的伟大胜利一样，是举世瞩目的。

作为一名从小参加革命的老战士，那些艰苦的岁月，无疑是我生命中最珍贵的部分，我怀念它，留恋它。我怀念井冈山上的红米野菜南瓜汤；怀念长征路上的皑皑雪山、茫茫草地；怀念浴血平寇的齐鲁春秋；怀念驱马辽河的日日夜夜；怀念亲切教诲过我的革命领袖；怀念为新中国的诞生而牺牲了的战友和同志……正是在那些严酷的日子里，我感受到了党的伟大与温暖；正是在那些如火如荼的斗争中，我认识了我们英雄的人民和人民的军队。有党的坚强领导，有无产阶级老一辈革命家毛泽东、周恩来、刘少奇、朱德等给我们的教导和指引，有我们革命的人民群众的支持，人民军队作支柱，中国人民才战胜了强大的敌人，争得了革命的胜利，创造了我们美好的光辉的今天。高昂地飘扬在祖国大地上的红旗是烈士的鲜血染红的。我们将在五星红旗照耀下，在党的领导下，全面开创社会主义现代化建设的新局面，走向更加美好的明天。

《艰苦岁月》一书，是对那些难以忘怀的战斗生活的回顾和记录。我怀着拳拳之心，力求用历史唯物主义的观点，实事求是地记下我亲聆目睹的毛泽东、周恩来、刘少奇、朱德、罗荣桓等老一辈无产阶级革命家为中国革命建树的丰功伟绩，记下在中国共产党领导下的中国人民和他们的子弟兵前仆后继的伟大斗争。然而情烈笔拙，这些简单的文字又如何能尽抒一个老兵的切切之情！我想，这本书如能为青少年的革命传统教育带来裨益，如能为从事党史军史研究的同志提供一些有用的资料，我将感到欣慰。

本书所收文稿，有一些写于战争年代，草就于马背上，战火中，曾发表在红军时期的《青年实话》《红星报》，延安的《解放日报》，山东根据地的《大众日报》等报刊上；有一些则是在胜利以后，在同志们的催促下，陆续地整理出来并曾发表于《红旗》《人民日报》《光明日报》《中国青年报》《解放军报》《星火燎原（季刊）》等报刊上。我由衷地感谢部队同志和解放区的人民群众在战火离乱中保存了这些文稿，使我得以奉献给今天的读者。

这些作品在收入本书时，有的补充了内容，有的作了一些文字的修改。但，由于时间仓促，反映解放战争时期的回忆录尚未来得及整理，本书所收文稿，仅反映了土地革命时期以迄抗日战争胜利为止我所经历过的史实，特此谨告读者。

我感谢上海文艺出版社的同志们给予这本书的热情关心与支持。

萧华 一九八二年九月